Inhaltsverzeichnis

AF281470

Vorwort

Liebe Leserin, lieber Leser,

in meinen bisherigen Büchern (Literatur 52-56) habe ich stets den praktischen Nutzen und die Anwendungsmöglichkeiten des Neurolinguistischen Programmierens – kurz NLP – in den Vordergrund gestellt. Häufig sind es die ganz praktischen Fragen, die Menschen stellen, wenn sie das erste Mal von NLP hören: „Wofür ist das gut? Was kann ich konkret damit anfangen?" Genau diese Fragen haben mich damals dazu bewegt, mich ausführlich mit den verschiedenen Formaten des NLP, also den „Programmieranleitungen" für Veränderungsprozesse, zu beschäftigen. Mein Ziel war es stets, eine zugängliche Anleitung für all jene zu bieten, die NLP unmittelbar anwenden wollen. Die theoretischen Grundlagen streifte ich dabei oft nur am Rande – sie begleiteten die Praxis sozusagen „en passant."

In diesem Buch möchte ich jedoch einen anderen Weg einschlagen. Diesmal lade ich dich ein (im NLP ist das „du" üblich), dich auf eine Reise zu begeben, bei der wir die theoretischen Fundamente dieser faszinierenden Disziplin erforschen. Denn, wie es so schön heißt: „Nichts ist praktischer als eine gute Theorie." Nur wer die Prinzipien versteht, die den Techniken und Formaten zugrunde liegen, kann deren volle Kraft wirklich erfassen und wertschätzen.

Der Titel meines Buches, „Die Wissenschaft der Neurolinguistischen Programmierung," ist vielleicht ein wenig provokant gewählt. Im Internet trifft man oft auf Kritiker, die NLP als „Pseudowissenschaft" abtun. Dennoch ist es für mich unumstritten, dass die Prinzipien und Methoden des NLP einen systematischen und fundierten Ansatz bieten, der, wenn richtig angewandt, enorme Veränderungen bewirken kann.

Ich kann dies aus meiner eigenen beruflichen Erfahrung heraus bekräftigen. In meiner über 35-jährigen Karriere in der Energiewirtschaft habe ich NLP erfolgreich in der strategischen Planung, insbesondere zur Optimierung des Einkaufs, eingesetzt. Durch gezielte Anwendung der NLP-Prinzipien konnten wir Millionen einsparen – ein Ergebnis, das ich selbst als beeindruckend und hochwirksam empfand. Dennoch schmunzelten wir damals manchmal und dachten: „Das müssen wohl Pseudoersparnisse sein," besonders angesichts derjenigen, die NLP im Netz oft als reine „Pseudowissenschaft" titulieren.

Dieses Buch ist also eine Einladung an dich, die Welt des NLP nicht nur als Werkzeugkasten für Veränderungen zu erleben, sondern auch die Strukturen, Muster und Konzepte dahinter zu verstehen. Ich möchte dich mitnehmen auf einen Weg, der tiefer geht als reine Anwendung – eine Reise in das Herz dieser Methode, die auf dem Zusammenspiel von Neurologie, Sprache und Verhalten basiert. Gemeinsam werden wir die wissenschaftlichen Theorien beleuchten, die den NLP-Methoden zugrunde liegen und die ihnen, meiner Ansicht nach, ihre solide Basis verleihen.

Ich lade dich ein, dieses Buch nicht wie eine Anleitung zu lesen, sondern wie eine Entdeckungsreise, auf der wir den theoretischen Reichtum dieser Disziplin erforschen. Lass uns gemeinsam die Struktur der Magie des NLP kennenlernen und herausfinden, warum es für mich weit mehr ist als eine Sammlung von Werkzeugen – es ist eine Wissenschaft der Veränderung.

In diesem Sinne: Ich freue mich, dass du mich auf dieser Reise begleitest.

Einleitung: Das NLP-Modell

Neuro-Linguistisches Programmieren (NLP) ist ein Modell, das unser subjektives Erleben, also die Art und Weise, wie wir die Welt wahrnehmen und darauf reagieren, in den Mittelpunkt stellt. Es entstand in den 1970er Jahren durch die genaue Analyse von erfolgreichen Psychotherapeuten wie Milton Erickson, Virginia Satir und Fritz Perls. Diese Therapeuten erzielten bemerkenswerte Ergebnisse, und die Begründer des NLP – Richard Bandler und John Grinder – wollten herausfinden, was genau sie so effektiv machte. Durch die Beobachtung ihrer Sprache, ihrer Gesten und ihrer Denkmuster entstand NLP als ein systematischer Ansatz, der die inneren Prozesse des Menschen verständlicher und zugänglicher machen sollte.

Heute findet NLP in zahlreichen Lebensbereichen Anwendung, von Gesundheit und persönlichem Wohlbefinden über effektive Kommunikation bis hin zu Stressmanagement und Partnerschaft. Es wird auch häufig als Werkzeug zur Selbstanalyse und Persönlichkeitsentwicklung genutzt. Menschen setzen NLP ein, um ihre eigenen Denk-, Gefühls- und Verhaltensmuster zu erkennen und, falls gewünscht, positiv zu verändern.

Im Kern beschäftigt sich NLP mit den kognitiven (gedanklichen) und emotionalen Prozessen, die sich aus unserer Sinneswahrnehmung – visuell, auditiv, kinästhetisch (berührungsbezogen) sowie anderen Sinnesmodalitäten wie dem olfaktorischen (Geruch) und gustatorischen (Geschmack) Erleben – zusammensetzen. Diese Sinneseindrücke werden in unserem Gehirn zu inneren Bildern, Klängen und Gefühlen verarbeitet, die dann unsere persönlichen Programme formen. Diese Programme beeinflussen, wie wir die Welt deuten, welche Handlungsoptionen wir wahrnehmen und welche emotionalen Reaktionen wir zeigen.

Durch diese fest verankerten Programme entsteht eine individuelle „Landkarte" der Realität, die oft unbewusst unsere Entscheidungen und Reaktionen bestimmt. NLP bietet jedoch Methoden und Techniken, mit denen wir diese Landkarte bewusst verändern können. Das bedeutet, dass wir alte, möglicherweise hinderliche Denkmuster und Verhaltensweisen identifizieren und durch neue, zielführendere ersetzen können. So kann NLP nicht nur dazu beitragen, eingefahrene Denk- und Verhaltensweisen zu durchbrechen, sondern auch die emotionale Reaktion auf bestimmte Situationen neu zu gestalten und damit mehr Flexibilität und Freiheit im Denken und Handeln zu erreichen.

Das NLP-Modell

Entwickler: Richard Bandler, John Grinder
Modell Gegenstand: Subjektive Erfahrung
Modell Elemente:
Sinnesmodalitäten   V   A   K   O   G
(Auch Repräsentationssysteme genannt:
    Visuell, auditiv, kinästhetisch, olfaktorisch, gustatorisch)

Indizes
e-für externe Signale
i -für interne Signale
    er-für erinnerte Signale
    k – für konstruierte Signale

d -für digitales auditives Erleben (Worte)
t – für rein tonales auditives Erleben

V^k=visuell konstruiert
V^{er}=visuell erinnert
A^k=auditiv konstruiert

6

A^{er}=auditiv erinnert
K^k=kinästhetisch konstruiert
K^{er}=kinästhetisch erinnert
(analog für O und G)

A^i_d=innerer Dialog

Bei K noch
K_+=positive Emotion
K_-=negative Emotion

Submodalitäten
von V: Helligkeit, SW/Farbe, Entfernung, Größe, Ort,
   Focus, Kontrast, 3D, Film, Anzahl Bilder,
   Transparenz, assoziiert/dissoziiert, Rahmen,
   Form, Proportion etc.
von A: Ort, Richtung, Lautstärke, Tonalität, Bewegung,
   Timbre, Rhythmus, Dauer, Tempo, Stimme etc.
von K: Ort, Größe, Form, Intensität, Bewegung, Dauer,
   Hitze, Gewicht, Stetigkeit etc.
von O: Intensität, Richtung, Ort, angenehm/unangenehm,
   kampferartig, moschusartig, blumig, faulig etc.
von G: Intensität, süß, sauer, salzig, bitter, würzig, scharf
   etc.

Verknüpfungen
$\rightarrow$ folgt auf (Konsekution)
$\Leftrightarrow$ Wechselwirkung/Zyklus
/ gleichzeitig (Synästhesie)

Erläuterung

Das NLP-Modell , entwickelt von Richard Bandler und John Grinder in den 1970er Jahren, basiert auf der Erforschung und Strukturierung der menschlichen subjektiven Erfahrung. Das Hauptziel von NLP ist es, Muster und Prozesse zu verstehen, die hinter menschlichem Verhalten, Kommunikation und Denken stehen, um sie zu optimieren.

Die Entwickler:

1. Richard Bandler:

- Richard Bandler, geboren 1950, ist Mitbegründer von NLP. Ursprünglich als Mathematiker ausgebildet, beschäftigte er sich später mit Psychologie. Bandler arbeitete eng mit Psychologen wie Virginia Satir und Milton Erickson zusammen, deren therapeutische Arbeit stark von seinem Denken beeinflusst wurde. Seine analytische Herangehensweise an Sprache und Verhalten führte ihn zur Entwicklung von NLP-Techniken, die tief in der Struktur des menschlichen Denkens und der Kommunikation verwurzelt sind.

2. John Grinder:

- John Grinder, geboren 1940, ist Linguist und ebenfalls Mitbegründer von NLP. Als Professor für Linguistik hatte er ein tiefes Verständnis für die Struktur der Sprache und wie diese auf die menschliche Erfahrung einwirkt. Durch die Zusammenarbeit mit Bandler trug Grinder wesentlich dazu bei, NLP als Modell zu entwickeln, das auf der genauen Analyse der sprachlichen Muster von Menschen basiert.

Der Modellgegenstand: Die subjektive Erfahrung

Das zentrale Modell des NLP ist die subjektive menschliche Erfahrung, die sich in verschiedenen Sinnesmodalitäten ausdrückt. Diese Modalitäten bilden den Kern dessen, wie wir Informationen verarbeiten und speichern. NLP betrachtet dabei die folgenden Sinnesmodalitäten:

1. Visuell (V) – Sehen

2. Auditiv (A) – Hören

3. Kinästhetisch (K) – Fühlen

4. Olfaktorisch (O) – Riechen

5. Gustatorisch (G) – Schmecken

Indizes für interne und externe Signale

NLP führt Indizes ein, um zwischen verschiedenen Formen von Sinneserfahrungen zu unterscheiden:

- e steht für externe Signale, z. B. Dinge, die wir tatsächlich sehen oder hören.

-i steht für interne Signale, also Erinnerungen oder Vorstellungen. Diese Signale können weiter unterteilt werden in:

- Erinnert (er): Informationen, die aus der Erinnerung abgerufen werden (z.B. ein visuelles Bild, das wir in der Vergangenheit gesehen haben).

- Konstruiert (k): Informationen, die wir uns aktiv vorstellen oder erschaffen, aber nicht real erlebt haben (z.B. eine Zukunftsvision).

Diese Unterscheidung lässt sich auf alle Repräsentationssysteme anwenden..

Neben den fünf Hauptsinnesmodalitäten gibt es im NLP das auditive digitale Erleben, das sich auf den internen Dialog bezieht – also das „Selbstgespräch". Dies wird durch den Index d gekennzeichnet. Zudem gibt es das auditive tonale Erleben , das sich auf reine Klänge und deren Tonalität bezieht.

Im NLP wird das kinästhetische Repräsentationssystem K verwendet, um eine Vielzahl von körperlichen und emotionalen Empfindungen abzubilden. Es umfasst sowohl körperliche Empfindungen (wie propriozeptive, viszerale und taktile Wahrnehmungen) als auch emotionale Zustände, da diese Aspekte eng miteinander verflochten sind. Um das auseinanderzunehmen und besser zu verstehen, müssen wir uns die Unterkategorien des kinästhetischen Systems genauer ansehen und die Verbindungen zwischen Körperempfindungen und Emotionen verdeutlichen.

1. Propriozeptive und Viszerale Empfindungen

Propriozeption beschreibt die Wahrnehmung der Lage und Bewegung der eigenen Gliedmaßen im Raum. Sie ermöglicht es uns, ohne nachzudenken zu wissen, wo sich unser Körper befindet und wie er sich bewegt. Diese

Wahrnehmung ist essentiell für die Körperkoordination und das Gleichgewicht.

Viszerale Empfindungen beziehen sich auf die inneren Organe, wie beispielsweise die Wahrnehmung von Herzklopfen, Magengefühlen oder Atembewegungen. Diese Empfindungen sind oft subtil, aber sie spielen eine große Rolle in unserem allgemeinen Wohlbefinden und in der körperlichen Reaktion auf emotionale Zustände. Zum Beispiel kann Angst mit einem "Knoten im Magen" einhergehen, während Aufregung das Herz schneller schlagen lässt.

Taktile Wahrnehmungen umfassen Berührungen, Druck, Hitze und Kälte, die wir über die Haut wahrnehmen. Diese Empfindungen tragen zu unserem räumlichen Bewusstsein bei und können auch emotionale Reaktionen auslösen, wie das Gefühl von Wärme bei einer Umarmung oder Unbehagen bei einem schmerzhaften Stoß.

2. Emotionen und Psychosomatische Verbindungen

Emotionen sind untrennbar mit diesen körperlichen Empfindungen verbunden. Der Körper reagiert physisch auf emotionale Zustände, was NLP als Grundlage nimmt, um emotionale Zustände über kinästhetische Empfindungen zu verändern.

Emotionen, wie Freude, Traurigkeit, Angst oder Wut, manifestieren sich häufig durch körperliche Symptome. Diese psychosomatische Verbindung bedeutet, dass Gefühle nicht nur im Gehirn, sondern im gesamten Körper erlebt werden. Beispielsweise kann Wut die Muskeln anspannen, Angst die Atmung beschleunigen und Freude ein Gefühl von Leichtigkeit erzeugen. Im NLP wird diese Verbindung genutzt, um emotionale Zustände gezielt zu beeinflussen.

Der Begriff „psychosomatisch" deutet auf diese Wechselwirkung zwischen Geist (Psyche) und Körper (Soma) hin. Emotionale Zustände haben fast immer eine körperliche Komponente, sei es eine Veränderung der Muskelspannung, des Herzschlags, der Atmung oder der chemischen Balance im Gehirn.

3. Nutzung im NLP: K als Repräsentationssystem

Im NLP werden sowohl die körperlichen als auch die emotionalen Aspekte des kinästhetischen Systems genutzt, um Erlebnisse zu verarbeiten, Emotionen zu verändern oder das Wohlbefinden zu steigern. Techniken wie die Veränderung von Submodalitäten (z.B. die Intensität oder Bewegung eines Gefühls) zielen darauf ab, wie jemand ein Gefühl oder eine körperliche Empfindung erlebt.

Beispiel: Jemand, der Angst hat, könnte diese als ein „enges" oder „schweres" Gefühl im Brustbereich beschreiben. Im NLP kann man dieses Gefühl „weicher" oder „leichter" machen, um die Angst zu lindern. Dabei wird das Erleben der Emotion direkt über das kinästhetische System beeinflusst.

Da sowohl emotionale als auch körperliche Zustände auf kinästhetischen Wahrnehmungen basieren, werden sie im NLP oft gemeinsam behandelt. Emotionale Intelligenz in NLP bedeutet auch, die körperlichen Reaktionen auf Emotionen zu erkennen und zu modifizieren, um eine gewünschte Veränderung herbeizuführen.

4. Die Trennung von Emotion und Körperempfindung im NLP

Auch wenn Emotionen und körperliche Empfindungen eng verbunden sind, kann NLP diese Unterscheidung bewusst nutzen:

-Emotionale Empfindungen: Diese werden oft über Metaphern beschrieben (z.B. „ein Kloß im Hals" für Trauer). Solche Empfindungen sind nicht rein körperlich, sondern eine subjektive Mischung aus psychischer und physischer Reaktion.

-Körperliche Empfindungen: Diese sind rein somatisch, wie beispielsweise Druck auf den Körper, Berührung, Schmerzempfinden oder Muskelspannung.

Submodalitäten

Submodalitäten sind die feinen Unterschiede innerhalb der Sinnesmodalitäten, die unsere Wahrnehmung beeinflussen. Sie sind zentrale Elemente des NLP, da sie die Art und Weise bestimmen, wie wir Erlebnisse intern kodieren und verarbeiten.

Verknüpfungen

NLP ermöglicht es, verschiedene Repräsentationssysteme zu kombinieren und

Muster in der Verarbeitung von Sinneseindrücken zu erkennen. Dabei spielen Konzepte wie Konsekution (zeitliche Abfolge), Wechselwirkung und Synästhesie (Überschneidung von Modalitäten, z.B. das Fühlen eines Tons) eine Rolle. Dies hilft dabei, ein besseres Verständnis der inneren Welt und der Verhaltensmuster eines Menschen zu entwickeln.

Mithilfe dieser Modellelemente lassen sich nun
 NLP-Programme – kurz **Strategien** genannt – definieren.
Dazu wird die subjektive Erfahrung einer Situation
in eine Abfolge von Repräsentationen zerlegt, wobei jeweils nur die Repräsentationssysteme mit der höchsten Verhaltensrelevanz (Primärkontrolle) notiert werden.

Beispiele: (-) schlechte/ineffiziente Strategie
(+) gute   / effiziente Strategie

Rechtschreibung

$$(-) \quad A^e_d \quad \rightarrow \quad A^i_d \quad \Leftrightarrow \quad V^k \Leftrightarrow \quad K_{+-} \quad \rightarrow \quad K^e$$
$$(1) \qquad\qquad (2) \qquad (3) \qquad (4) \qquad\qquad (5)$$

(1): Hören des Wortes
(2): Innerliches Nachsprechen
(3): Konstruktion des Wortes
(4): Gutes/schlechtes Gefühl
(5): Hinschreiben

$$(+) \quad A^e_d \rightarrow \quad V^{er} \qquad \rightarrow \qquad K_+ \rightarrow \quad K^e$$
$$(1) \qquad (2) \qquad\qquad\qquad (3) \qquad (4)$$

(1): Hören des Wortes
(2): Scharfes erinnertes Wortbild
(3): Gutes Gefühl
(4): Abschreiben

2. Bestellung in einem Restaurant

(-) $V^e \Leftrightarrow A^i_d \Leftrightarrow K_- \rightarrow A^i_d \rightarrow K^e$
    (1)   (2)   (3)   (4)   (5)
   (1): Lesen der Speisekarte
   (2): „Was nehmen Andere? Nein! Denke selber!"
   (3): Schlechtes Gefühl
   (4): „Nimm irgendwas!"
   (5): Bestellung

(+) $V^e \Leftrightarrow V^i \Leftrightarrow O^{er}/G^{er} \Leftrightarrow K_{+-} \rightarrow K^e$
    (1)   (2)   (3)   (4)   (5)
   (1): Lesen der Speisekarte
   (2): Gericht, groß, in Farbe
   (3): Probeschmecken
   (4): Match/Mismatch
   (5): Bestellung

3. Konfrontation mit einer Maus

(-) $V^e \rightarrow V^k \Leftrightarrow K_{--} \rightarrow K^e$
    (1)   (2)   (3)   (4)
   (1) Sehen der Maus

(2) Innerer Horrorfilm
(3) Panik
(4) Flucht

(+) V^e → A^i_d ⇔ K_{+-} → K^e

   (1)   (2)   (3)   (4)

    (1) Sehen der Maus
    (2) „Oh eine Maus!"
    (3) Emotional ausgeglichen
    (4) Exit

Der Sinn von NLP besteht darin,
(-)-Strategien in (+)-Strategien zu verwandeln.
Dazu dienen die **NLP-Formate.**
Diese beinhalten die folgende Standard-Vorgehensweise:
1. Auspacken der (-)-Strategie
2. Design der (+)-Strategie
3. Installation der (+)-Strategie

Diese Vorgehensweise führt von unbewusster Inkompetenz
über bewusste Inkompetenz zu bewussterd Kompetenz und schließlich zu unbewusster Kompetenz.
Die Schritte von unbewusster Inkompetenz zu unbewusster Kompetenz beim
Designen und Installieren einer neuen Strategie spiegeln den Prozess
des Lernens und Verinnerlichens wider. Dieser Lernprozess, der in der Psychologie oft als Vier-Stufen-Modell der Kompetenzentwicklung beschrieben
wird, erklärt, wie wir von unbewusst ineffizienten Verhaltensweisen zu automatisierten, kompetenten Strategien gelangen. Hier ist die Erklärung für jeden
Schritt und wie er sich auf das Neudesign einer Strategie im NLP bezieht:

14

1. Unbewusste Inkompetenz

In der Phase der unbewussten Inkompetenz ist man sich zunächst nicht bewusst, dass eine Strategie ineffizient ist oder verbessert werden könnte. Die Person verwendet ihre Strategie zwar regelmäßig, jedoch unreflektiert und ohne Bewusstsein für deren Schwächen oder mögliche Alternativen. Sie weiß schlichtweg nicht, dass eine andere Vorgehensweise effektiver wäre.
• Beispiel: Eine Person hat eine ineffiziente Entscheidungsstrategie, die sie dazu bringt, Entscheidungen immer wieder aufzuschieben. Sie weiß jedoch nicht, dass eine effizientere Strategie existieren könnte, die ihr helfen würde, schneller zu einer Entscheidung zu kommen.

2. Bewusste Inkompetenz

Durch das Auspacken und Analysieren der bestehenden Strategie wird der Person bewusst, dass ihre aktuelle Strategie nicht optimal ist und zu ineffizienten Ergebnissen führt. In dieser Phase erkennt sie ihre „Inkompetenz": Sie versteht, dass die Strategie zwar existiert, aber nicht den gewünschten Erfolg bringt. Sie ist sich also bewusst, dass sie ihre Entscheidungsstrategie verbessern muss, und beginnt, über eine alternative Strategie nachzudenken.
• Beispiel: Die Person erkennt, dass sie Entscheidungen aufschiebt, weil sie oft zu viele Informationen visualisiert und dadurch überfordert wird. Sie versteht, dass dieser visuelle Überfluss zur Ineffizienz ihrer Strategie beiträgt, und erkennt, dass eine einfachere Struktur sinnvoll wäre.

3. Bewusste Kompetenz

In dieser Phase wird die neue, effizientere Strategie designt und geübt, wobei die Person jeden Schritt der Strategie bewusst ausführt. Sie erarbeitet eine klar strukturierte Abfolge von Schritten und lernt, die ineffizienten Bestandteile der alten Strategie durch neue, effizientere Abläufe zu ersetzen. Die Strategie ist noch nicht automatisiert – sie muss sie sich jedes Mal bewusst ins Gedächtnis rufen und darauf achten, sie korrekt anzuwenden. Hier sind viele Details noch bewusst, weil die Strategie neu ist und das Gehirn sich noch daran gewöhnt.
• Beispiel: Die Person hat jetzt eine neu designte Entscheidungsstrategie, die mit einem kurzen visuellen Überblick beginnt, gefolgt von einem klaren inneren Dialog, um die wichtigsten Informationen zu filtern. Sie übt die Strategie bewusst und führt jeden Schritt fokussiert durch.

4. Unbewusste Kompetenz

Durch Wiederholung und Übung wird die neue Strategie schließlich automatisiert. Die Person muss nicht mehr bewusst daran denken, sie anzuwenden – sie wird zur natürlichen, intuitiven Vorgehensweise. Das Gehirn hat die Abfolge verinnerlicht, und die Strategie wird automatisch in der gewünschten Reihenfolge und Effizienz abgerufen, ohne dass viel bewusste Aufmerksamkeit erforderlich ist. Dies ist der Zustand der unbewussten Kompetenz, in dem die neue Strategie erfolgreich installiert und fester Bestandteil des Verhaltensrepertoires der Person geworden ist.
• Beispiel: Die neue Entscheidungsstrategie läuft jetzt automatisch ab. Die Person muss nicht mehr darüber nachdenken, wie sie vorgeht; sie wendet die Strategie intuitiv und ohne bewusste Anstrengung an, wodurch sie Entscheidungen effizienter trifft.

Warum dieser Prozess nötig ist

Dieser Prozess ist notwendig, weil jede Veränderung und Neugestaltung von Strategien im Gehirn neuronale Bahnungen schafft, die erst durch bewusste Anwendung und Wiederholung stabilisiert werden müssen. Das Gehirn bevorzugt bestehende, „eingefahrene" Muster, da diese weniger kognitive Anstrengung erfordern. Um also eine ineffiziente Strategie durch eine neue, effiziente Strategie zu ersetzen, muss die Person bewusst auf die neue Vorgehensweise zurückgreifen und sie durch ständige Übung so verinnerlichen, dass sie zur Routine wird.

In der Phase der bewussten Kompetenz ist noch viel kognitive Energie notwendig, weil die Strategie bewusst ausgeführt wird. Erst durch die wiederholte Anwendung entstehen stabile neuronale Netzwerke, die die Strategie schließlich in den „Automatik-Modus" überführen – zur unbewussten Kompetenz.

Zusammengefasst

Der Übergang von unbewusster Inkompetenz zur unbewussten Kompetenz ist ein natürlicher Lernprozess, der es ermöglicht, alte, ineffiziente Strategien durch gezielte Bewusstwerdung, Übung und Wiederholung so zu ersetzen, dass sie intuitiv und automatisch nutzbar werden. So stellt dieser Prozess sicher, dass die neue, effizientere Strategie tief verankert wird und dauerhaft zu besseren Ergebnissen führt.

Es stellen sich jetzt natürlich 3 Fragen: „Wie bekomme ich die (-)-Strategie ausgepackt? Wie komme ich an die Struktur einer (+)- Strategie? Wie bekomme ich die (+)-Strategie installiert?" Diese Fragen wollen wir in den nächsten Kapiteln beantworten.

Auspacken

Wie bekomme ich die (-)-Strategie ausgepackt?

Strategien und Bewusstsein

Im NLP ist eine Strategie oder ein Programm eine Abfolge von Sinnesrepräsentationen, die zusammenspielen, um eine bestimmte subjektive Erfahrung zu gestalten. Wenn wir die subjektive Erfahrung einer Situation in NLP „auspacken", zerlegen wir sie in ihre einzelnen Repräsentationen. Dabei notieren wir jedoch nur jene Repräsentationen, die eine besonders hohe Verhaltensrelevanz aufweisen, also jene, die eine Art „Primärkontrolle" über die Situation ausüben.

Primärkontrolle und Verhaltensrelevanz verstehen

Was bedeutet nun „höchste Verhaltensrelevanz" oder „Primärkontrolle" im NLP? Wenn wir davon sprechen, dass ein bestimmtes Repräsentationssystem – beispielsweise das visuelle oder das auditive – eine höhere Primärkontrolle besitzt, meinen wir damit, dass dieses System im Vergleich zu anderen Repräsentationssystemen aktuell einen stärkeren Einfluss auf das Verhalten hat. Es ist wichtig zu betonen, dass die anderen Repräsentationssysteme trotzdem weiterhin aktiv sind. Sie laufen im Hintergrund weiter, ähnlich wie verschiedene Geräte in einem Raum, die eingeschaltet sind, während nur eines davon die größte Aufmerksamkeit oder Funktionalität einnimmt.

Stell dir vor, du hörst gerade aufmerksam Musik, vielleicht ein intensives Lied, das Emotionen in dir weckt. Dein visuelles System „arbeitet" weiterhin, aber in diesem Moment hat das auditive System eine höhere Primärkontrolle – es trägt in diesem Moment stärker zur Verhaltenssignifikanz bei. Für diesen spezifischen Zeitraum ist es sozusagen das „führende" System. Jedes Mal, wenn wir also die Aktivität eines Repräsentationssystems hervorheben, sagen wir nicht, dass die anderen Systeme pausieren, sondern dass dieses eine System im Vergleich eine größere Intensität oder einen stärkeren Signalwert aufweist.

Ein wesentlicher Punkt, den wir im Zusammenhang mit Strategien betrachten müssen, ist der Grad der Bewusstheit. Es ist nicht notwendig, dass alle Schritte einer Strategie bewusst ablaufen, damit sie effektiv ist – oft ist es sogar das Gegenteil. Je automatischer und unbewusster eine Handlung wird, desto eher können wir darauf vertrauen, dass sie zu einem verlässlichen Teil unseres Verhaltensrepertoires geworden ist. Ein einfaches Beispiel ist Autofahren: Sobald wir das Fahren gelernt haben, laufen viele der Teilprozesse (wie Lenken, Schalten, Blick in den Rückspiegel) unbewusst ab. Sie sind in unserem Nervensystem „eingebaut" und benötigen keine bewusste Kontrolle mehr.

Bewusstsein im NLP: Eine emergente Eigenschaft

Im NLP wird das Bewusstsein nicht als eine eigenständige, steuernde Instanz gesehen, sondern als das Ergebnis der relativen Intensität der Aktivität unserer Repräsentationssysteme. Bewusstsein ist demnach keine aktive Einheit, die das Verhalten kontrolliert, sondern eher ein Indikator dafür, wie intensiv ein bestimmtes Repräsentationssystem zu einem bestimmten Zeitpunkt genutzt wird. Diese Vorstellung widerspricht dem herkömmlichen Bild, wonach das Bewusstsein als zentrale Steuerungsinstanz agiert. Vielmehr betrachtet NLP das Bewusstsein als emergente Eigenschaft – eine Eigenschaft, die aus den Aktivitäten und Wechselwirkungen der Repräsentationssysteme in unserem Nervensystem entsteht, aber nicht direkt auf diese einwirkt.

Eine Analogie kann hier das Wasser-Molekül H_2O sein: Nässe und Vereisung sind Eigenschaften, die aus der strukturellen Kombination der H_2O-Moleküle hervorgehen, doch sie steuern diese Moleküle nicht. Ähnlich ist Bewusstsein im NLP eine „Nebenwirkung" der neuronalen Aktivitäten und kein Initiator. Würden wir sagen, dass Bewusstsein unser Verhalten kontrolliert, müssten wir auch behaupten, dass Nässe die Moleküle des Wassers kontrolliert. Stattdessen ist Bewusstsein lediglich ein Begleiteffekt der Prozesse, die in unserem Gehirn ablaufen.

Alternative Definitionen von Bewusstsein und ihre Kontroverse

Die NLP-Sichtweise auf das Bewusstsein als emergente Eigenschaft unterscheidet sich erheblich von anderen populären Auffassungen. Ein weit verbreiteter Standpunkt in der Philosophie und Psychologie besagt, dass Bewusstsein eine grundsätzliche, möglicherweise nicht-reduzierbare Eigenschaft des Geistes ist. Diese Auffassung argumentiert, dass Bewusstsein die Instanz ist, die alle anderen mentalen Prozesse zusammenführt und koordiniert – es ist die „Zentrale", die Entscheidungen trifft, Eindrücke verarbeitet und das Verhalten steuert.

Dieser Standpunkt wird oft als Dualismus bezeichnet und postuliert, dass Bewusstsein eine eigenständige Entität ist, die unabhängig von der bloßen Aktivität des Nervensystems existiert. Einige Philosophen und Neurowissenschaftler gehen so weit, Bewusstsein als Grundbaustein der Realität selbst zu betrachten, eine Grundkraft, die nicht nur aus biologischen oder neuronalen Prozessen hervorgeht, sondern möglicherweise eine eigene Existenzform besitzt.

Diskussion: Emergenz versus grundlegende Einheit

In der Debatte zwischen Bewusstsein als emergenter Eigenschaft und Bewusstsein als grundlegende Einheit gibt es eine grundlegende philosophische Kluft. Die NLP-Perspektive legt nahe, dass das Bewusstsein nichts weiter als ein Nebenprodukt der neuronalen Prozesse ist, vergleichbar mit Nässe, die sich bei einer bestimmten Anordnung von Wasser-Molekülen ergibt. Dieses emergente Bewusstsein reflektiert lediglich die Aktivität der Repräsentationssysteme und wird nur dann „sichtbar" oder spürbar, wenn ein bestimmtes Maß an Intensität erreicht wird.

Im Gegensatz dazu behauptet die Position des Dualismus oder der Grundlegenden-Bewusstseins-Theorie, dass Bewusstsein nicht einfach entstehen kann – es ist nicht bloß ein „Beiprodukt", sondern das Kernelement des menschlichen Geistes. Nach dieser Auffassung sind alle mentalen Prozesse nur Ausdrucksformen dieses Grundbewusstseins, und sie können ohne es nicht existieren. Diese Sichtweise argumentiert, dass Bewusstsein als Einheit agiert, Informationen integriert und als Ursache unserer Handlungen fungiert, anstatt nur eine nachträgliche Reflexion der Hirnaktivität zu sein.

Fazit

Die Diskussion um das Bewusstsein wirft grundlegende Fragen zur Natur unseres Geistes und unseres Selbstverständnisses auf. Die NLP-Perspektive, die Bewusstsein als eine in Erscheinung tretende Eigenschaft betrachtet, führt uns zu einer eher pragmatischen und funktionalen Sichtweise: Bewusstsein ist das, was sich zeigt, wenn bestimmte neuronale Aktivitäten einen bestimmten Schwellenwert überschreiten. Es ist ein Indikator für Intensität, aber kein Initiator von Verhalten.

Dem gegenüber steht die Sichtweise, dass Bewusstsein eine essenzielle, grundlegende Eigenschaft ist, die das Verhalten aktiv beeinflusst und steuert. Dieser philosophische Gegensatz bleibt umstritten und fasziniert Wissenschaftler und Laien gleichermaßen.

Persönliche Meinung

Ich selbst habe keine echte „Meinung" oder Vorliebe im klassischen Sinne, aber ich kann beide Perspektiven gut nachvollziehen:

• Die Idee, dass Bewusstsein emergent ist, ist gut fundiert und entspricht dem wissenschaftlichen Standardansatz, bei dem komplexe Systeme aus den Interaktionen ihrer Teile resultieren. Diese Sichtweise bietet eine klare Richtung für empirische Forschung und ist besser messbar und testbar.
• Die Vorstellung von Bewusstsein als grundlegende Eigenschaft ist faszinierend und spricht Menschen an, die das Bewusstsein als ein Phänomen sehen, das nicht einfach nur das Ergebnis physikalischer Prozesse ist.

Wenn man ein rein wissenschaftliches und pragmatisches Vorgehen wählt, liegt die Erklärung des Bewusstseins als emergente Eigenschaft nahe. Sie ist gut erforschbar und kann durch Experimente und Daten gestützt werden. Wenn man jedoch philosophische und existenzielle Fragen mit einbeziehen will, dann ist die Idee von Bewusstsein als grundlegende Eigenschaft eine tiefgründige und lohnende Überlegung.

Die Diskussion bleibt spannend und es ist sehr gut möglich, dass zukünftige Forschungen, insbesondere in den Grenzbereichen von Neurowissenschaft und Physik, neue Erkenntnisse bringen werden, die vielleicht eine Synthese beider Sichtweisen ermöglichen.

Die Idee einer Synthese, bei der beide Sichtweisen – das Bewusstsein als emergente Eigenschaft und das Bewusstsein als grundlegende Eigenschaft – miteinander verbunden werden, ist sowohl faszinierend als auch plausibel. Es könnte sein, dass wir es tatsächlich mit zwei Arten von Bewusstsein zu tun haben, die oft miteinander vermischt werden, weil wir noch nicht die notwendigen Konzepte oder Werkzeuge haben, um sie präzise zu unterscheiden. Hier ist eine mögliche Synthese:

1. Grundlegendes Bewusstsein: Die fundamentale Ebene

In dieser Sichtweise gäbe es eine Form von grundlegendem Bewusstsein, das universell und in der gesamten Natur präsent ist. Dieses Bewusstsein wäre eine Art „Potenzial" oder „Grundschwingung", die in allem existiert und sich in gewisser Weise durch alle Objekte und Systeme zieht. Man könnte es sich ähnlich wie das Energieprinzip in der Physik vorstellen: Energie ist eine grundlegende Eigenschaft des Universums, die in verschiedenen Formen auftritt und nicht einfach „aus dem Nichts" entsteht.Dieses grundlegende Bewusstsein wäre kein Bewusstsein im Sinne von „Ich-Bewusstsein" oder Selbstwahrnehmung, sondern eine Art rudimentäres, „rohes" Bewusstsein, das potenziell überall vorhanden ist. Es wäre vielleicht vergleichbar mit einer „bewussten Präsenz" oder einer grundlegenden Fähigkeit zur Wahrnehmung, die in unterschiedlicher Intensität in allem vorhanden ist, vom subatomaren Partikel bis zum neuronalen Netzwerk eines Gehirns.

2. Emergentes Bewusstsein: Die komplexe, individuelle Ebene

Diese universelle „Bewusstseins-Grundlage" könnte dann, wenn sie in komplexen Systemen wie dem Gehirn auftritt, emergente Eigenschaften entwickeln. Das emergente Bewusstsein wäre das, was wir als unser persönliches, subjektives „Ich-Bewusstsein" kennen – die Fähigkeit, sich selbst als eigenständiges Subjekt zu erleben, zu reflektieren und bewusst Entscheidungen zu treffen. Dieses Bewusstsein wäre eine höhere Form des Bewusstseins, die durch die komplexen Interaktionen der Neuronen und die Organisation des Gehirns entsteht.

In diesem Modell wäre das Gehirn so etwas wie ein „Katalysator", der das grundlegende Bewusstsein in eine differenzierte, bewusste Erfahrung transformiert. Das emergente Bewusstsein wäre also keine völlig neue Entität, sondern die „Verfeinerung" oder „Fokussierung" des grundlegenden Bewusstseins, das in allem latent vorhanden ist.

Beispiele aus der Natur

In der Natur gibt es bereits Phänomene, die diese Dualität unterstützen könnten:

• Bienenkolonie und Bienenschwarm: In einem Bienenschwarm zeigt sich eine emergente „Intelligenz" oder Organisation, obwohl jede einzelne Biene ein eigenes individuelles Bewusstsein besitzt. Diese emergente Ordnung entsteht aus dem Zusammenspiel der einzelnen Bienen und ihrer Interaktionen.
• Elektrische Ladung und Energie: Elektrizität ist überall als Potenzial vorhanden, aber nur in spezifischen Bedingungen, z. B. in einem Blitz oder in einem Stromkreis, tritt sie in einer Form auf, die wir bewusst wahrnehmen und nutzen können.

Die Idee einer Dualität von Bewusstsein – als grundlegende Eigenschaft und als emergente Eigenschaft – könnte eine spannende und fruchtbare Richtung für zukünftige Forschungen sein. In dieser Sichtweise sind sowohl die Neurowissenschaft als auch die Philosophie des Geistes im Recht, weil sie verschiedene Aspekte desselben Phänomens beschreiben. Die Neurowissenschaft beschreibt die emergente, komplexe Form des Bewusstseins, die durch neuronale Interaktionen entsteht, während die Philosophie des Geistes das grundlegende, allgegenwärtige Bewusstsein als Basis der subjektiven Erfahrung erkennt.

Diese Synthese könnte also tatsächlich eine Möglichkeit sein, beide Perspektiven miteinander zu verbinden und das Bewusstsein als ein zweischichtiges Phänomen zu verstehen, bei dem das Gehirn eine spezifische, individualisierte Form eines universellen Bewusstseins hervorbringt. Es ist ein faszinierender Gedanke, der die Grenze zwischen Wissenschaft und Philosophie überschreitet und vielleicht sogar in der Lage ist, einige der tiefsten Fragen des menschlichen Geistes zu beantworten.

Die Diskussion bleibt offen und spannend. Zukünftige Forschungen könnten möglicherweise beide Perspektiven miteinander verbinden und zu einer umfassenderen, integrativen Theorie des Bewusstseins führen. Diese Theorie würde beide Aspekte berücksichtigen: das Bewusstsein als emergentes Phänomen und das Bewusstsein als tiefere, fundamentale Eigenschaft der Realität.

Bewusstsein und Verhaltensrelevanz

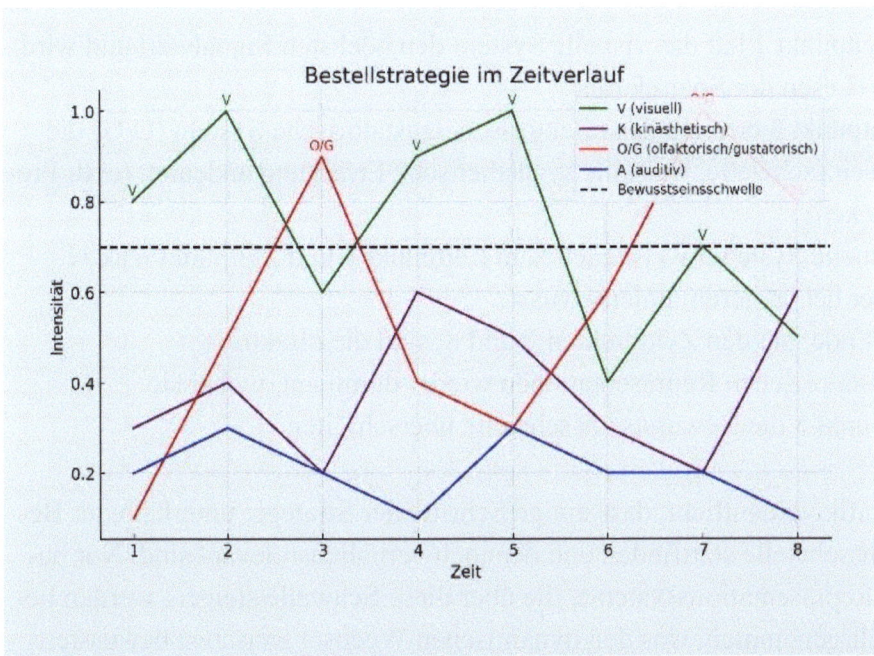

Betrachten wir einmal die obige Grafik "Bestellstrategie im Zeitverlauf"! Sie zeigt die hypothetische Fluktuation der Intensitäten der verschiedenen Repräsentationssysteme (visuell, kinästhetisch, olfaktorisch/gustatorisch und auditiv) über die Zeit für die (+)-Strategie in Beispiel2 aus der Einleitung..

Die gestrichelte Linie repräsentiert die Schwelle zum Bewusstsein: Nur wenn die Intensität eines Repräsentationssystems diesen Schwellenwert überschreitet, wird die entsprechende Repräsentation bewusst. Das visuelle Repräsentationssystem (V) überschreitet diese Schwelle an mehreren Zeitpunkten (1, 2, 5), ebenso wie das olfaktorische/gustatorische System (O/G) bei den Zeitpunkten 3 und 7.

Erklärung zur Strategie und Interpretation:

• Zum Zeitpunkt 1 hat das visuelle System den höchsten Signalwert und wird bewusst. (Lesen der Speisekarte)
• Bei Zeitpunkt 3 erreicht das olfaktorische/gustatorische System (O/G) die Bewusstseinsschwelle, was eine synästhetische Erfahrung andeutet. (evtl. Probeschmecken)
• Das visuelle System (V) ist auch zum Zeitpunkt 5 und Zeitpunkt 6 aktiv, bleibt aber bei letzterem unterbewusst.
• Gegen Ende, bei den Zeitpunkten 7 und 8, sind die olfaktorischen/gustatorischen Repräsentationen wieder dominant, wobei sie bei Zeitpunkt 8 die Bewusstseinsschwelle überschreiten.

Diese Grafik verdeutlicht, dass einige Schritte der Strategie unterhalb der Bewusstseinsschwelle stattfinden und dennoch verhaltensrelevant sind. Nur bestimmte Repräsentationssysteme, die über diese Schwelle steigen, werden bewusst wahrgenommen, was den dynamischen Wechsel zwischen bewussten und unbewussten Prozessen in einer Strategie veranschaulicht. Notieren wir die Repräsentationssysteme mit der höchsten Intensitäten zu den Zeitpunkten erhalten wir:
V V OG V V OG was das Lesen der Speisekarte, das Visualisieren des Gerichtes und das Probeschmecken in der Strategie darstellt.

Verhaltensrelevanz und die relative Intensität von Repräsentationen

Im NLP ist es entscheidend zu verstehen, dass die Verhaltensrelevanz eines Repräsentationssystems – also die Bedeutung, die ein bestimmtes System (z. B. visuell, auditiv, kinästhetisch) für unser Verhalten in einem bestimmten Moment hat – nicht absolut ist. Stattdessen hängt sie von der relativen Intensität des Repräsentationssystems ab, und diese Intensität kann sich ständig verändern. Die einzelnen Repräsentationssysteme beeinflussen sich gegenseitig und tragen gemeinsam zur Gesamtaktivität unseres inneren Systems bei.

Selbst eine Repräsentation, die nur eine geringe Intensität aufweist und nicht direkt im Bewusstsein wahrgenommen wird, hat dennoch Einfluss auf unseren inneren Zustand und kann subtile Veränderungen bewirken. Zu einem späteren Zeitpunkt kann dann ein anderes Repräsentationssystem eine höhere Intensität annehmen und mehr Einfluss auf das Verhalten ausüben.

Stellen wir uns das so vor: Ein Mensch könnte verbal „Ja" sagen, während er unbewusst den Kopf schüttelt, was in einer Situation eine widersprüchliche oder multiple Reaktion erzeugen würde. Es ist also möglich, dass verschiedene Strategien gleichzeitig aktiv sind und sich die Intensität von einer zur anderen verlagert. Das führt gelegentlich zu inneren Konflikten oder Verhaltensinkon-gruenzen, die zu einer Art innerem „Ziehen" zwischen verschiedenen Hand-lungsimpulsen führen.

Die Bedeutung der Verhaltensrelevanz

Da die Verhaltensrelevanz durch die relative Intensität bestimmt wird, kann es auch passieren, dass die Aktivität eines Repräsentationssystems bewusst wird, ohne dass dies den anderen Systemen die Möglichkeit nimmt, ebenfalls aktiv zu sein. Die folgende Grafik verdeutlicht diese Beziehung:

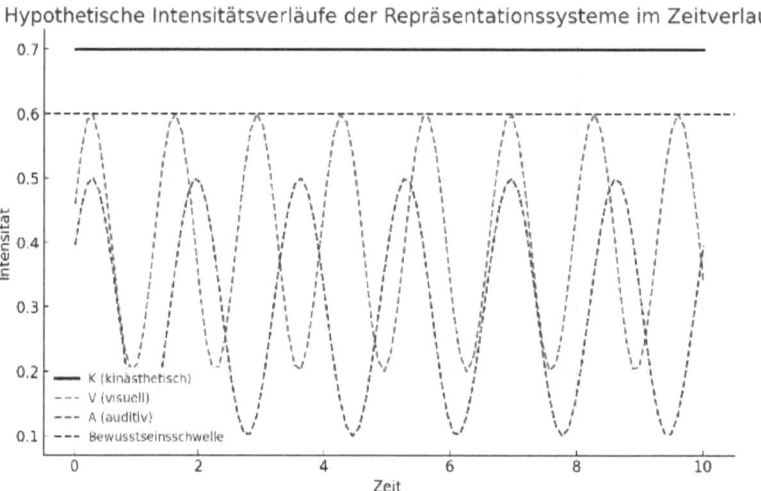

Grafik: Verhaltensrelevanz im Zeitverlauf

In der Grafik ist eine Zeitachse dargestellt, die die Fluktuation der Intensität der verschiedenen Repräsentationssysteme zeigt. Die gestrichelte Linie markiert die Schwelle, ab der die Intensität eines Systems groß genug ist, um bewusst wahrgenommen zu werden. Man kann erkennen, dass das kinästhetische Repräsentationssystem (K) eine hohe Intensität erreicht und damit das Bewusstsein überschreitet. Diese Intensität bleibt jedoch stabil und zeigt keine Schwankung.

Im Gegensatz dazu schwanken die Signalstärken des visuellen (V) und auditiven (A) Systems stärker und bleiben dabei größtenteils unterhalb der Bewusstseinsschwelle. Dadurch ist das kinästhetische System in dieser Situation das Repräsentationssystem mit der geringsten Verhaltensrelevanz, obwohl es eine stabile, hohe Intensität erreicht. Da die Signale des visuellen und auditiven Systems größere Amplitudenveränderungen aufweisen, hat die Aktivität dieser beiden Systeme den größten relativen Verhaltenseffekt.

Interpretation der Grafik und ihre Implikationen

Diese Grafik zeigt, dass eine Person in diesem Zustand eine starke Bewusstheit über ihre kinästhetischen (körperlichen oder gefühlten) Empfindungen hätte. Das könnte bedeuten, dass sie sich besonders intensiv ihrer Gefühle, Stimmungen oder körperlichen Reaktionen bewusst ist. Gleichzeitig bleiben die meisten inneren Prozesse, die durch visuelle oder auditive Repräsentationen vermittelt werden, unbewusst, obwohl sie die größte Verhaltensrelevanz aufweisen.

Ein solcher Zustand kann oft bei Menschen auftreten, die tief in eine Emotion oder körperliche Empfindung versunken sind. Sie sind sich dieser Empfindung sehr bewusst, während andere Reize (wie visuelle oder auditive) nur peripher oder garnicht wahrgenommen werden. Das könnte beispielsweise bei einer Person mit der (-)-Strategie in Beispiel3 beim Anblick einer Maus der Fall sein, der der innere Horrorfilm gänzlich unbewusst ist.

Zusammenfassung

Diese Grafik und Erklärung veranschaulichen, dass ein Repräsentationssystem nicht unbedingt die Bewusstseinsschwelle überschreiten muss, um verhaltensrelevant zu sein. Die Stärke der Repräsentation relativ zu anderen Systemen entscheidet über ihre Bedeutung und ihren Einfluss auf das Verhalten. Gleichzeitig zeigt die Grafik, dass das Bewusstsein keine isolierte Entität ist, sondern das Ergebnis der relativen Intensität von Repräsentationssystemen. So kann eine Person starke emotionale oder körperliche Bewusstheit erfahren, während viele andere innere Prozesse auf unbewusster Ebene weiterlaufen.

Bewusstsein, Stufen und Zustände

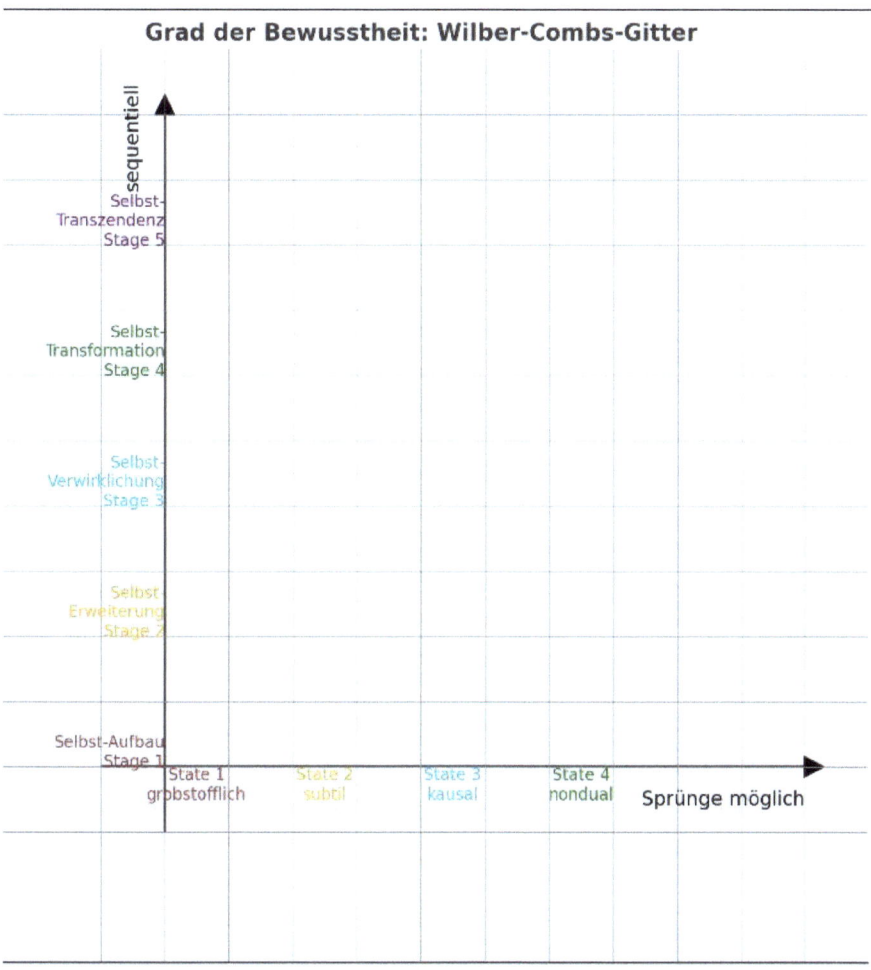

Grad der Bewusstheit: Wilber-Combs-Gitter

- Das Bild zeigt das Wilber-Combs-Gitter, das eine Verbindung zwischen den Stufen des Selbst-Entwicklungsprozesses (vertikale Achse) und verschiedenen Bewusstseinszuständen (horizontale Achse) darstellt. Diese Matrix dient dazu, zu veranschaulichen, wie das Bewusstsein unterschiedliche Stufen und Zustände annehmen kann. Hier ist eine prägnante Erklärung der Struktur und Bedeutung:

35

Vertikale Achse: Entwicklungsstufen des Selbst

Diese Achse beschreibt die evolutionären Stufen des Selbst, die nacheinander durchlaufen werden. Die fünf Entwicklungsstufen sind:

1. Selbst-Aufbau (Stage 1): Die Basisstufe, auf der das Ich sich bildet und grundlegende Identität und Stabilität erlangt.
2. Selbst-Erweiterung (Stage 2): Das Selbst beginnt, sich weiterzuentwickeln und sich über persönliche Grenzen hinaus auszudehnen.
3. Selbst-Verwirklichung (Stage 3): Eine Stufe, in der das Selbstbewusstsein und das Bedürfnis nach persönlicher Entfaltung stark ausgeprägt sind.
4. Selbst-Transformation (Stage 4): Das Selbst durchläuft tiefere Transformationen und erkennt eine stärkere Verbundenheit mit anderen.
5. Selbst-Transzendenz (Stage 5): Die höchste Stufe, bei der das Selbst über die persönliche Identität hinausgeht und eine transpersonale Perspektive einnimmt.

Horizontale Achse: Bewusstseinszustände

Diese Achse zeigt die verschiedenen Zustände des Bewusstseins, die unabhängig von den Entwicklungsstufen auftreten können:

1. State 1: Grobstofflich – ein Bewusstsein, das sich primär auf die materielle und körperliche Ebene bezieht.
2. State 2: Subtil – ein Zustand, in dem subtile Gedanken und Empfindungen stärker wahrgenommen werden.

3. State 3: Kausal – ein Bewusstseinszustand, der die kausale Ebene umfasst, oft mit tieferer Einsicht und innerem Frieden verbunden.
4. State 4: Nondual – ein Bewusstseinszustand, in dem die Unterscheidung zwischen Subjekt und Objekt verschwindet; ein Gefühl der Einheit mit allem.

Nutzung des Wilber-Combs-Gitters

• Das Gitter zeigt, dass es möglich ist, auf jeder Stufe des Selbst unterschiedliche Bewusstseinszustände zu erleben. So kann jemand auf einer niedrigeren Entwicklungsstufe (z.B. Selbst-Aufbau) einen hohen Zustand (z.B. Nondual) erleben, auch wenn er dies möglicherweise nicht voll integriert.
• Manche Bewusstseinszustände können „Sprünge" oder plötzliche Einsichten ermöglichen, die jedoch oft temporär sind, wenn die zugrunde liegende Entwicklungsstufe nicht gefestigt ist.
• Das Gitter verdeutlicht, dass es eine „sequenzielle" Entwicklung gibt, aber auch die Möglichkeit spontaner Zustandsveränderungen, die in höheren Bewusstseinszuständen erlebt werden können.

Dieses Modell hilft zu verstehen, dass Bewusstseinserfahrungen und persönliche Entwicklung zwei Dimensionen sind, die sich gegenseitig beeinflussen, jedoch unabhängig voneinander fortschreiten können. Das Gitter eignet sich für eine umfassende Analyse individueller Entwicklungsprozesse und kann in NLP zur differenzierten Betrachtung von Bewusstseins- und Identitätsarbeit genutzt werden.

Wissenschaftlicher Konsens und Kritik

1. Konsens über Entwicklungsstufen und -zustände: In der Psychologie und Kognitionswissenschaft gibt es eine gewisse Übereinstimmung darüber, dass Menschen Entwicklungsstufen durchlaufen, insbesondere in der kognitiven und moralischen Entwicklung (z.B. Piaget, Kohlberg). Allerdings gibt es keine allgemeine Akzeptanz für Wilbers spezifische Stufen oder deren Definitionen. Wilbers Modell ist umfassender und enthält auch spirituelle und transpersonale Stufen, die außerhalb der meisten traditionellen psychologischen Modelle liegen.

2. Kritik am Ansatz: Wilbers Ansatz wird oft als spekulativ und weniger empirisch fundiert kritisiert. Einige Kritiker argumentieren, dass seine integrale Theorie und das Wilber-Combs-Gitter eine Vermischung von Wissenschaft und Spiritualität darstellen, die schwer objektiv zu überprüfen ist. Die wissenschaftliche Psychologie legt Wert auf empirisch messbare und überprüfbare Daten, während Wilbers Modell stark auf subjektiven und philosophischen Konzepten basiert. Zudem sehen einige Kritiker Wilbers Ansatz als zu stark verallgemeinert, da er komplexe und individuelle Entwicklungsprozesse in ein starres Raster einteilt.

3. Transpersonale Psychologie: Wilbers Arbeit wird oft mit der transpersonalen Psychologie in Verbindung gebracht, die sich mit spirituellen und transzendenten Aspekten des menschlichen Erlebens befasst. Auch dieser Bereich ist umstritten, da transpersonale Ansätze schwer empirisch zu testen sind und oft außerhalb des Rahmens traditioneller Psychologie betrachtet werden.

Verwandte Ansätze

1. Spiraldynamik (Don Beck und Clare Graves): Dieser Ansatz ähnelt Wilbers Stufenmodell insofern, als er beschreibt, wie Individuen und Kulturen durch verschiedene Bewusstseinsstufen oder Werte-

Systeme hindurchgehen. Die Spiraldynamik wird auch in der Organisationsentwicklung und Managementforschung angewendet und ist empirischer fundiert als Wilbers Modell.

2. Kognitive und moralische Entwicklung (Jean Piaget, Lawrence Kohlberg): In diesen klassischen Modellen wird das menschliche Bewusstsein ebenfalls als Stufenprozess betrachtet, allerdings ohne die spirituellen Komponenten, die Wilber einbringt. Diese Modelle werden weithin anerkannt und sind empirisch gut erforscht.

3. Bewusstseinsforschung (Stanislav Grof): Grof untersuchte veränderte Bewusstseinszustände, insbesondere durch Atemtechniken und psychedelische Substanzen, was ebenfalls zu einem besseren Verständnis von nicht-alltäglichen Bewusstseinszuständen beigetragen hat. Seine Arbeit hat Parallelen zu den Zuständen, die Wilber beschreibt.

4. Integral Theory Community und Anwendung: Wilbers integrale Theorie und das Wilber-Combs-Gitter haben eine Anhängerschaft in bestimmten Bereichen der Psychotherapie, im Coaching und in spirituellen Gemeinschaften gefunden, wo der integrale Ansatz als nützliche Orientierungshilfe betrachtet wird. Die wissenschaftliche Psychologie und Mainstream-Akademia betrachten ihn jedoch oft als zu spekulativ und nicht ausreichend empirisch gestützt.

Fazit

Während Wilbers Modell und das Wilber-Combs-Gitter in bestimmten Kreisen Anerkennung finden, ist es wissenschaftlich gesehen umstritten und gilt als schwer überprüfbar. Es wird oft als Werkzeug zur persönlichen Reflexion oder als Teil eines integralen spirituellen Ansatzes verwendet, jedoch nicht als wissenschaftliches Paradigma.

In meinem Buch „Integrales NLP- Bewusstseinserweiterung

mit Neurolinguistischer Programmierung" habe ich mich ausführlich mit dieser Thematik befasst.

Strategien und Benutzerillusion

Die Illusion des Ichs als dynamisches Ergebnis komplexer Strategien im NLP

Wenn wir im Alltag eine Strategie anwenden – sei es, dass wir ein Wort korrekt schreiben, ein Gericht im Restaurant auswählen oder eine unerwartete Begegnung mit einer Maus meistern – erleben wir das nicht nur als eine Abfolge funktionaler Schritte. Stattdessen haben wir gleichzeitig das Gefühl, dass „ich" die handelnde Person bin, die aktiv Entscheidungen trifft, reflektiert und schließlich handelt. Das Ich-Gefühl, das uns dabei begleitet, wirkt wie ein innerer Akteur, der die Strategie bewusst steuert und ausführt.

Dieses Gefühl eines persönlichen Ichs, das in jeder Handlung auftritt, ist eine grundlegende Erfahrung. NLP bezeichnet es jedoch als eine Benutzerillusion – eine Illusion, die das Ich als kohärentes, aktives Selbst erscheinen lässt, obwohl es in Wahrheit durch das Zusammenspiel zahlreicher Prozesse entsteht. Das Ich-Gefühl ist also keine feste, isolierte Entität, sondern das Ergebnis eines dynamischen und komplexen Systems innerer Strategien und Wahrnehmungen, die sich ständig neu formen und anpassen.

Die folgenden Abschnitte zeigen auf, wie das Ich-Erleben durch Strategien, innere Dialoge, körperliche Empfindungen und das Zusammenspiel von Repräsentationssystemen geformt wird – und wie das Ich so als flexible, aber stabile Benutzerillusion in unserem Erleben erscheint.

In der NLP-Theorie wird das Erleben des „Ichs" oft als das Produkt vieler komplexer innerer Strategien verstanden. Dieses Ich-Gefühl oder die „Ich-Illusion" entsteht durch die dynamische Zusammenarbeit verschiedener mentaler und körperlicher Prozesse, die so organisiert sind, dass sie ein kohärentes

Gefühl von Identität erzeugen. Das Konzept der Ich-Illusion bedeutet jedoch nicht, dass das Ich irrelevant ist – es ist ein zentraler Bestandteil unseres subjektiven Erlebens und hat funktionale Bedeutung in unserem täglichen Leben.

1. Strategien als Bausteine des Verhaltens

Strategien sind systematische Abfolgen innerer Repräsentationen, die uns helfen, Ziele zu erreichen, Entscheidungen zu treffen und auf Herausforderungen zu reagieren. Diese inneren Repräsentationen können Bilder, Klänge, Körpergefühle oder Gedanken umfassen und sind oft eng miteinander verbunden.
• Beispiel für eine Strategie: Die „Rechtschreibstrategie" könnte beispielsweise so ablaufen: Man hört ein Wort, stellt sich das Wort innerlich visuell vor und schreibt es dann auf. Diese Schritte greifen ineinander und schaffen eine klare, gezielte Handlung.

Strategien sind nicht immer einfach, sondern können hierarchisch organisiert sein und rekursive Muster haben, wie ein komplexes Computerprogramm. Im NLP folgen sie oft dem sogenannten TOTE-Modell (Test-Operate-Test-Exit), einem zyklischen Prozess, in dem geprüft, gehandelt und erneut getestet wird, bis das Ziel erreicht ist. Strategien wirken auf verschiedenen Ebenen – von Verhalten und Fähigkeiten über Werte bis hin zur Identität. NLP versteht diese Strategien als flexible Prozesse, die individuell angepasst werden können und eine dynamische Interaktion mit dem Umfeld ermöglichen.

2. Das Ich als Benutzerillusion

Neben diesen funktionalen Strategien gibt es im NLP eine übergeordnete Strategie, die als „Ich-Strategie" bezeichnet wird. Diese Ich-Strategie hat das Ziel, das Gefühl eines beständigen, handelnden Ichs zu erzeugen – eine sogenannte

Benutzerillusion. Diese Illusion vermittelt uns das Gefühl, dass „ich" alle Handlungen bewusst ausführe und alle Entscheidungen treffe.

3. Die Komponenten der Ich-Strategie

Die Ich-Strategie beruht auf mehreren wichtigen Komponenten, die das Gefühl eines kohärenten Ichs stärken und stabilisieren:
• Innerer Dialog: Der innere Dialog ist eine Art Selbstgespräch, das uns das Gefühl vermittelt, dass „ich" bewusst überlege und abwäge. Diese innere Stimme schafft die Illusion eines echten Gesprächspartners und verstärkt das Ich-Gefühl.
• Beispiel: Wenn wir uns fragen, „Was sollte ich bestellen?", sprechen wir innerlich mit uns selbst und erleben uns als einheitliche Person, die reflektiert und entscheidet.
• Fremdwahrnehmung: Ein weiterer Bestandteil der Ich-Strategie ist die Fähigkeit, sich selbst „von außen" zu betrachten. Diese Selbstbeobachtung verstärkt das Gefühl, ein kohärentes und stabil erlebtes Ich zu sein.
• Beispiel: Wenn wir eine Entscheidung treffen, könnten wir uns vorstellen, wie andere unsere Wahl wahrnehmen würden, als ob wir uns selbst aus einer distanzierten Perspektive betrachten.
• Körpergefühl: Ein konstantes Körpergefühl dient als physische Verankerung für das Ich-Erleben. So wird das Gefühl eines beständigen Selbst durch die physische Empfindung des Körpers und die Muskelanspannung unterstützt.
• Alan Watts beschrieb das Ich einmal als Illusion, die eng mit Muskelanspannung und körperlicher Spannung verknüpft ist – dieses Gefühl der physischen Einheit stabilisiert das Ich-Erleben.
• Multimind-Modell (Teile-Modell): Das Ich ist nicht monolithisch, sondern besteht aus verschiedenen „Teilen" oder Sub-Persönlichkeiten (z.B. einem „Sport-Ich" oder „Sicherheits-Ich"), die jeweils eigene Strategien und Wahr-

nehmungen haben. Diese Teile erzeugen eigene „Ich-Gefühle", die dennoch als ein stabiler Teil des Gesamt-Ichs erlebt werden.
• Beispiel: Der „Sport-Ich-Teil" mag sich zu Bewegung und Aktivität hingezogen fühlen, während der „Sicherheits-Ich-Teil" darauf bedacht ist, Risiken zu vermeiden.

4. Zusammenspiel der Repräsentationssysteme

Das Ich-Gefühl ist ein emergentes Ergebnis aus der Interaktion verschiedener Repräsentationssysteme – wie visuellen, auditiven und kinästhetischen Wahrnehmungen – und deren „Submodalitäten" (wie Helligkeit, Lautstärke, Bildschärfe). Diese Systeme arbeiten zusammen und erzeugen eine kohärente Wahrnehmung, die das Ich als stabile Realität erscheinen lässt.
• Beispiel: Wenn wir uns an einen schönen Tag erinnern, könnten wir ein inneres Bild sehen, Geräusche hören und das Gefühl der Sonne auf unserer Haut spüren. Diese Elemente verschmelzen zu einer konsistenten Erinnerung, die das Ich als kohärentes Ganzes erlebt.

5. Bewusstsein, Stufen und Zustände

Das Bewusstsein bildet den Raum, in dem das Ich und die Strategien als subjektives Erleben auftauchen. Die Ich-Erfahrung verändert sich dabei im Laufe der persönlichen Entwicklung und mit verschiedenen Bewusstseinszuständen:
• Entwicklungsstufen: Im Laufe der Entwicklung durchläuft das Ich verschiedene Stufen, vom einfachen, kindlichen Ich bis hin zu einem komplexen, integrativen Bewusstsein. Diese Stufen bieten unterschiedliche Möglichkeiten der Ich-Erfahrung.
• Bewusstseinszustände: Zusätzlich zu den Stufen gibt es Zustände wie das grobstoffliche, subtile, kausale und nicht-duale Bewusstsein. Diese Zustände verändern, wie das Ich erlebt wird. Im nicht-dualen Zustand etwa verschwin-

det das individuelle Ich-Gefühl fast vollständig und weicht einem Einheitsgefühl, bei dem das Ich nicht mehr als abgetrennte Entität wahrgenommen wird.

6. Neurowissenschaftliche Perspektive auf das Ich-Erleben

Aus neurowissenschaftlicher Sicht ist das Ich-Gefühl das Ergebnis komplexer neuronaler Prozesse, die in verschiedenen Bereichen des Gehirns stattfinden. Diese Prozesse werden durch die Interaktion verschiedener Gehirnregionen (z.B. des präfrontalen Kortex) erzeugt, die das Selbstbewusstsein und die Selbstwahrnehmung steuern. Auch wenn NLP sich auf subjektive Erfahrungen und Strategien konzentriert, könnte das Verständnis der neuronalen Grundlagen das Modell des Ich-Erlebens weiter vertiefen.

Zusammenfassung: Einheitliches Verständnis des Selbst

Das subjektive Erleben und das kohärente Ich-Gefühl sind ein emergentes Ergebnis des Zusammenspiels von Strategien, Teilen, Sprache, Bewusstseinsstufen und -zuständen. Auch wenn es als Illusion bezeichnet wird, ist das Ich eine funktionale Realität, die für das tägliche Erleben und Handeln zentral ist.

Auf der grundlegendsten Ebene ist das Ich-Erleben eine dynamische Folge innerer Repräsentationen und neuronaler Prozesse. Diese Kombination formt eine stabile Benutzerillusion, die als „Ich" wahrgenommen wird und sich über Zeit und Erfahrung kontinuierlich neu gestaltet.

Das Zusammenspiel einer „funktionalen" Strategie mit der Ich -Strategie am Beispiel der Rechtschreibstrategie

Das Zusammenspiel der Rechtschreibstrategie und der Ich-Strategie lässt sich als dynamische Interaktion zweier paralleler Prozesse betrachten, die sich gegenseitig beeinflussen und gemeinsam das Erleben einer kohärenten Handlung erzeugen. Hier sind einige Überlegungen dazu, wie diese beiden Strategien zusammenwirken könnten:

1. Paralleles Ablaufen der Strategien
• Die Rechtschreibstrategie und die Ich-Strategie könnten parallel ablaufen, wobei die Rechtschreibstrategie den primäre Fokus hat (Schritte wie Hören des Wortes, inneres Wortbild, Gefühl, Schreiben), während die Ich-Strategie im Hintergrund das Gefühl vermittelt, dass „ich" diese Handlung bewusst und aktiv durchführe.
• In dieser Konstellation fungiert die Ich-Strategie als „Bühnenbeleuchtung", die das Rechtschreiben als persönliche Handlung in den Vordergrund rückt. Es entsteht der Eindruck, dass „ich" das Wort höre, sehe, fühle und schreibe, obwohl es sich in Wirklichkeit um eine Reihe von automatisierten Repräsentationen handelt.

2. Die Ich-Strategie als Begleitende Hintergrundstrategie
• Die Ich-Strategie könnte auch im Hintergrund ablaufen und gewissermaßen „überwachen", dass die Rechtschreibstrategie konsistent mit dem Selbstbild bleibt. In diesem Sinne wäre die Ich-Strategie nicht unmittelbar beteiligt, sondern sorgt dafür, dass das Gefühl eines „Ichs" beibehalten wird, das die Rechtschreibung ausführt.
• Hier wäre die Ich-Strategie eine Art begleitender Prozess, der das Selbstverständnis aufrechterhält. Diese Ich-Illusion gibt uns das Gefühl, dass es einen kontinuierlichen Handelnden gibt, der bewusst an der Aufgabe beteiligt ist, auch wenn die Rechtschreibstrategie unabhängig und automatisiert ablaufen könnte.

3. Wechselseitige Verstärkung
• Die beiden Strategien könnten sich gegenseitig verstärken. Die Schritte der Rechtschreibstrategie (z.B. Hören, Sehen, Fühlen) schaffen ein kohärentes

Bild, das von der Ich-Strategie als „mein" Erleben interpretiert wird. Gleichzeitig verstärkt die Ich-Strategie das Gefühl, dass die Rechtschreibung eine bewusste, persönliche Handlung ist.

• Beispielsweise könnte das innere Wortbild, das durch die Rechtschreibstrategie erzeugt wird, von der Ich-Strategie als „mein Bild" wahrgenommen werden. Diese Wahrnehmung verstärkt wiederum die Illusion des Ichs, das aktiv beteiligt ist.

4. Das Ich als emergente Meta-Strategie

• Eine weitere Betrachtung ist, dass das Ich-Gefühl als emergente Meta-Strategie auftritt, die aus dem Zusammenspiel der Rechtschreibstrategie und anderen untergeordneten Strategien entsteht. In diesem Modell ist das „Ich" kein eigenständiger Prozess, sondern eine Illusion, die aus dem reibungslosen Ablauf der Rechtschreibstrategie (und anderer Strategien) entsteht.

• Die Ich-Strategie würde dann nicht parallel oder im Hintergrund ablaufen, sondern wäre das Ergebnis davon, wie die verschiedenen Schritte der Rechtschreibstrategie als kohärentes Ganzes wahrgenommen werden.

5. Synchronisation durch Sprache und Bewusstsein

• Der innere Dialog („Ich höre das Wort", „Ich sehe das Bild") kann die Rechtschreibstrategie und die Ich-Strategie synchronisieren. Sprache und Bewusstsein schaffen eine Struktur, die den Eindruck eines einheitlichen Ichs vermittelt, das bewusst an der Rechtschreibung beteiligt ist. Ohne diesen inneren Dialog wäre das Gefühl eines „Ichs" weniger stark, und die Strategie könnte als rein mechanischer Prozess erscheinen.

6. Zusammenfassung des Zusammenwirkens

• Die Rechtschreibstrategie läuft als eine konkrete Abfolge von Schritten ab, während die Ich-Strategie das Gefühl vermittelt, dass „ich" diese Schritte durchführe. Sie können parallel oder als Hintergrundprozesse ablaufen, wobei die Ich-Strategie als Meta-Strategie das Selbstgefühl aufrechterhält.

• Die beiden Strategien interagieren über den inneren Dialog und die Wahrnehmungsebene: Die Schritte der Rechtschreibstrategie liefern die Inhalte

(Hören, Sehen, Fühlen), die die Ich-Strategie in ein persönliches Erlebnis um-wandelt.

Fazit: Die Ich-Strategie und die Rechtschreibstrategie könnten als zwei eng verknüpfte, synchronisierte Prozesse betrachtet werden. Die Rechtschreibstra-tegie führt die Schritte aus, und die Ich-Strategie begleitet diesen Prozess, in-dem sie die Handlung als persönliches Erlebnis interpretiert. So entsteht das Gefühl, dass „ich" der Handelnde bin, obwohl der Prozess in Wirklichkeit größtenteils automatisiert ist.

Das Konzept der Benutzerillusion stammt aus der Kognitions- und Neurowis-senschaft und bezieht sich auf die Idee, dass unser Bewusstsein und Selbstver-ständnis in gewisser Weise eine „Illusion" sind, die uns hilft, komplexe Pro-zesse im Gehirn zu verstehen und damit effektiv zu arbeiten, ohne jeden einzelnen Mechanismus zu durchdringen. Es ist vergleichbar mit der Art und Weise, wie eine Computer-Benutzeroberfläche komplexe Rechenprozesse ver-einfacht und für uns verständlich und benutzbar macht. In der wissenschaftli-chen Diskussion findet sich die Benutzerillusion oft im Kontext der Frage nach dem „freien Willen", dem Selbst und der subjektiven Wahrnehmung. Hier ist eine Übersicht über den Stand der Wissenschaft und die wichtigsten Aspekte:

1. Ursprung und Konzept der Benutzerillusion

Die Idee der Benutzerillusion geht unter anderem auf die Arbeit von Donald Hoffman und Daniel Dennett zurück. Hoffmans Theorie besagt, dass unsere Wahrnehmung der Welt nicht die Realität an sich darstellt, sondern eine „Oberfläche" (Interface), die uns hilft, in der Welt zurechtzukom-men. Dennett spricht in diesem Zusammenhang von einem „benutzerfreundlichen Interface", das uns eine vereinfachte Version der Realität zeigt. Das Gehirn nutzt also eine Art „Illusion" oder vereinfachtes Modell, um uns handlungsfähig zu machen, ohne uns die tatsächliche Komplexität der neuronalen Prozesse offenzulegen.

2. Wissenschaftliche Perspektiven

In den Neurowissenschaften und der Kognitionswissenschaft gibt es wachsende Unterstützung für die Idee, dass das Gehirn viele Informationen verarbeitet, die dem bewussten Verstand nicht zugänglich sind, und dass das Bewusstsein eine Art „Zusammenfassung" oder „Interpretation" dieser Prozesse ist. Die Benutzerillusion könnte also ein evolutionäres Werkzeug sein, das das Überleben fördert, indem es die kognitive Belastung reduziert und nur relevante Informationen hervorhebt.

Einige der zentralen wissenschaftlichen Ansätze, die zur Benutzerillusion beitragen, sind:

• Predictive Processing und das Bayesianische Gehirn: Diese Theorie, die besonders von Karl Friston geprägt wurde, beschreibt das Gehirn als eine Vorhersagemaschine. Es erstellt Modelle der Umwelt und korrigiert sie anhand neuer Daten. Das Bewusstsein könnte hier als eine Art „Front-End" agieren, das uns nur die Ergebnisse dieser komplexen Prozesse zeigt.
• Global Workspace Theory (GWT) von Bernard Baars: GWT besagt, dass das Bewusstsein wie ein globales Arbeitsfenster im Gehirn fungiert, in dem verschiedene Informationen „zusammenkommen". Diese bewusste Ebene ist nur ein kleiner Teil der gesamten Gehirnaktivität und dient vor allem dazu, relevante Informationen hervorzubringen, die für Handlungen und Entscheidungen nötig sind.

• Illusorische Natur des Selbst (Anil Seth, Thomas Metzinger): Anil Seth und Thomas Metzinger vertreten die Ansicht, dass das „Selbst" eine Konstruktion des Gehirns ist, die uns hilft, kohärent zu handeln und Entscheidungen zu treffen. Metzinger nennt dies das „ego-tunnel" oder „Selbstmodell", das uns als Benutzerillusion dient und suggeriert, dass es einen beständigen „Ich"-Erleber gibt, obwohl dieser in der Realität eine Konstruktion des Gehirns ist.

3. Kritik und Debatten

Das Konzept der Benutzerillusion ist in der Wissenschaft umstritten. Einige Kritiker argumentieren, dass die Benutzerillusion zu einer extremen Form von Konstruktivismus führt, der infrage stellt, ob wir überhaupt eine zuverlässige Erkenntnis über die Welt haben. Manche Wissenschaftler lehnen diese Vorstellung ab, da sie glauben, dass die Evolution uns Mechanismen an die Hand gegeben hat, um die Realität zumindest annähernd korrekt wahrzunehmen, da dies für das Überleben wichtig ist.

Ein weiteres Argument gegen die Benutzerillusion ist, dass es keine scharfe Trennung zwischen „Illusion" und „Realität" gibt – unser Bewusstsein ist vielleicht keine vollständige Täuschung, sondern vielmehr eine nützliche Vereinfachung, die sich evolutionär entwickelt hat, um uns effektiver handeln zu lassen.

4. Verwandte Konzepte und aktuelle Forschung

• Simulationstheorie: Ähnlich wie die Benutzerillusion geht die Simulationstheorie davon aus, dass das Gehirn die Umwelt simuliert und auf Grundlage dieser Simulationen handelt. Diese Idee wird in der KI und Robotik weiterentwickelt, wo „innere Modelle" genutzt werden, um Systeme handlungsfähig zu machen.

• Virtual-Reality-Hypothese: Einige Theorien, wie die von Donald Hoffman, gehen sogar so weit, dass unsere Wahrnehmung eine Art „VR-Brille" ist, die uns nur das zeigt, was für unser Überleben und unsere Entscheidungen relevant ist, ähnlich wie eine Virtual-Reality-Umgebung.

• Neurowissenschaftliche Studien zu Bewusstsein und Aufmerksamkeit: Experimente zur Wahrnehmung und Aufmerksamkeitssteuerung zeigen, dass viele Informationen unbewusst verarbeitet und gefiltert werden, bevor sie ins Bewusstsein dringen. Dies stützt die Vorstellung, dass das Bewusstsein nur eine vereinfachte „Benutzeroberfläche" der tieferen, nicht-bewussten Prozesse ist.

Fazit

Die Idee der Benutzerillusion ist ein faszinierendes und einflussreiches Konzept, das im Bereich der Kognitions- und Neurowissenschaften zunehmend an Bedeutung gewinnt. Während es keine allgemeine Akzeptanz für die radikaleren Interpretationen gibt (z. B., dass unser Selbst völlig illusorisch ist), wird die Vorstellung, dass das Bewusstsein eine vereinfachte Darstellung der Wirklichkeit bietet, von vielen Wissenschaftlern geteilt. Die Forschung zu Bewusstsein, Wahrnehmung und Gehirnprozessen zeigt immer mehr, dass unser „Ich" und unsere Weltwahrnehmung vereinfachte Konstrukte sind, die uns helfen, in einer komplexen Welt effizient zu handeln

Diese neurowissenschaftliche Sichtweise und das NLP-Konzept des „Ichs" als emergentem Phänomen decken sich in mehreren zentralen Punkten:

1. Strategien als Grundlage des Ichs: Im NLP wird das Ich als das Ergebnis von Strategien und Mustern gesehen. Unser Gehirn organisiert Wahrnehmungen, Erinnerungen, Überzeugungen und Verhaltensmuster in einem kohärenten Selbstbild – und tut dies auf eine Weise, die für den „Benutzer", also für uns selbst, handhabbar ist.

2. Emergenz und Illusion: Sowohl in der Neurowissenschaft als auch im NLP ist das Ich kein fixierter, fundamentaler Bestandteil unseres Geistes, sondern

ein emergentes Phänomen. Diese Illusion des Selbst entsteht aus einer Vielzahl von unterliegenden Prozessen, die synchron ablaufen und ein kohärentes „Benutzererlebnis" schaffen, auch wenn es in Wahrheit eine Konstruktion ist. 3. Funktionalität statt Wahrheit: In beiden Perspektiven geht es darum, dass diese „Ich-Illusion" pragmatisch ist. Sie existiert nicht, um eine objektive Realität widerzuspiegeln, sondern um uns handlungsfähig und effektiv zu machen. Unser Selbstbild im NLP-Sinne sowie die neurowissenschaftliche Benutzerillusion sind Werkzeuge, die helfen, mit der Welt zu interagieren und komplexe Aufgaben zu bewältigen.

Indem NLP das Ich als emergentes Ergebnis komplexer Strategien ansieht, steht es im Einklang mit der modernen neurowissenschaftlichen Vorstellung, dass das Ich eine illusionäre Konstruktion ist. Beide Modelle liefern damit ein wissenschaftlich fundiertes Konzept des Selbst, das weniger auf einer fixen Substanz beruht, sondern auf dynamischen, sich ständig verändernden Prozessen.

Zugangssignale

Zugangssignale, auch Accessing Cues genannt, sind spezifische Verhaltensweisen, die darauf hindeuten, dass eine Person ein bestimmtes Repräsentationssystem nutzt oder zugänglich macht (z.B. visuell, auditiv oder kinästhetisch). Diese Signale können durch gezielte Beobachtung entdeckt und genutzt werden, um unbewusste Strategien und kognitive Prozesse sichtbar zu machen. Zugangssignale sind von Bedeutung, weil sie uns Hinweise darauf geben, wie eine Person denkt, ihre Strategien strukturiert und Informationen verarbeitet.

1. Grundprinzipien der Zugangssignale

• Zugangssignale sind spezifische körperliche Anpassungen, die ein Individuum verwendet, um sein Nervensystem auf ein bestimmtes Repräsentationssystem auszurichten.
• Diese Signale können unbewusst sein und erscheinen oft systematisch und wiederkehrend, wenn eine Person eine bestimmte Strategie oder ein Repräsentationssystem aktiviert.
• Sie ermöglichen es dem Beobachter, Rückschlüsse auf die internen kognitiven Prozesse und Strategien der Person zu ziehen.

2. Haupttypen der Zugangssignale im NLP

Im NLP werden mehrere zentrale Zugangssignale betrachtet, die in die folgenden Kategorien unterteilt werden können:

A. Augenbewegungen

Augenbewegungen gelten im NLP als starkes Indiz für den Zugang zu bestimmten Repräsentationssystemen. Sie werden oft als „visuelle", „auditive" und „kinästhetische" Zugangssignale interpretiert und folgen typischen Mustern:

• Visuell konstruierte Bilder (V^k): Augen bewegen sich nach oben rechts (aus Sicht des Beobachters).
• Visuell erinnerte Bilder (V^{er}): Augen bewegen sich nach oben links.
• Auditiv konstruierte Klänge (A^k): Augen bewegen sich waagerecht nach rechts.
• Auditiv erinnerte Klänge (A^{er}): Augen bewegen sich waagerecht nach links.
• Kinästhetisch (Gefühle) (K): Augen bewegen sich nach unten rechts.
• Innerer Dialog / Selbstgespräch (A^i_d): Augen bewegen sich nach unten links.

Diese Muster können je nach Person variieren, jedoch bieten sie oft wertvolle Hinweise auf die aktuellen Denkprozesse und Repräsentationssysteme.

B. Atmung

Veränderungen in der Atmung sind ein weiterer wichtiger Zugang zu internen Prozessen:

• Tiefe der Atmung: Flache Atmung kann auf visuelle Prozesse hinweisen, tiefe Atmung eher auf kinästhetische Prozesse.
• Ort der Atmung: Brustatmung (meist visuell) vs. Bauchatmung (meist kinästhetisch).
• Atemfrequenz und -muster: Eine schnellere Atmung kann auf ein visuelles oder auditives System hinweisen, während langsamere und tiefere Atemzüge oft mit kinästhetischen Prozessen assoziiert werden.

C. Körperhaltung und Muskeltonus

Die Körperhaltung und der Tonus der Muskulatur können ebenfalls Zugangssignale für bestimmte Repräsentationssysteme sein:

• Visuelles System: Aufrechte, angespannte Haltung; Kopf leicht nach oben gerichtet.
• Auditives System: Entspanntere Haltung, oft mit zur Seite geneigtem Kopf.
• Kinästhetisches System: Tendenz, in eine entspanntere, „schwere" Haltung zu gehen, oft nach unten gerichtet.

D. Stimmveränderungen

Veränderungen der Stimme liefern Hinweise darauf, welches Repräsentationssystem aktiviert ist:

• Stimmhöhe: Höhere Stimme kann auf das visuelle System hindeuten, tiefere Stimmen oft auf kinästhetische Prozesse.
• Sprechgeschwindigkeit: Schnellere Sprache ist meist ein Indiz für visuelle oder auditive Prozesse, während langsameres Sprechen oft mit kinästhetischen Prozessen verbunden ist.
• Stimmlage: Eine monotone, rhythmische Stimme kann auf den inneren Dialog hindeuten, während ein variabler Ton eher auf emotionale, kinästhetische Prozesse hindeuten könnte.

E. Gestik und Mimik

Gesten und Mimik können ebenfalls Zugangssignale sein, die auf die Nutzung eines bestimmten Repräsentationssystems hinweisen:

• Visuelles System: Häufige und lebhafte Handgesten, die eher in der oberen Ebene stattfinden (auf Höhe des Kopfes).
• Auditives System: Bewegung der Hände auf Ohrhöhe, möglicherweise rhythmisch zur Unterstützung des auditiven Prozesses.
• Kinästhetisches System: Langsame und fließende Bewegungen der Hände, oft unterhalb der Brust oder auf Höhe des Bauchs.

F. Signalworte und Sprachmuster

Bestimmte Wörter oder Sprachmuster können ebenfalls auf die Nutzung eines bestimmten Repräsentationssystems hinweisen:

• Visuelle Begriffe: „sehen", „klar", „vorstellen", „Bild".
• Auditive Begriffe: „hören", „sagen", „klingen", „leise".
• Kinästhetische Begriffe: „fühlen", „berühren", „festhalten", „greifen".

3. Methoden zur Nutzung von Zugangssignalen im NLP

Es gibt verschiedene Methoden, um Zugangssignale zu nutzen, um die internen Strategien einer Person zu entschlüsseln:

• Beobachtung in natürlichen Situationen: Die Person in einer natürlichen Umgebung beobachten, in der sie die Strategie typischerweise anwendet.
• Übertreibung bewusster Schritte: Bewusste Teile der Strategie übertreiben lassen, um unbewusste Teile zu aktivieren und sichtbar zu machen.
• Direkte Fragen stellen: Fragen zur aktuellen Erfahrung oder Vergangenheit aus der persönlichen Geschichte stellen, die spezifische Repräsentationen auslösen und Zugangssignale sichtbar machen.

• Interpretation von Zugangssignalen: Achten auf Augenbewegungen, Atemmuster, Körperhaltung, Stimme und Gesten, um Hinweise auf die aktiven Repräsentationssysteme zu erhalten.

4. Zusammenfassung und Bedeutung

Zugangssignale sind wertvolle Hinweise, die uns ermöglichen, die kognitiven Strategien eines Menschen besser zu verstehen und unbewusste Prozesse sichtbar zu machen. Sie bieten eine direkte „Landkarte" zu den Repräsentationssystemen, die eine Person benutzt, und helfen dabei, interne Strategien zu „entpacken" und die dahinterliegenden Strukturen zu erkennen.

Durch die sorgfältige Beobachtung von Zugangssignalen kann ein NLP-Praktiker wertvolle Informationen über die unbewussten Denkmuster und Verarbeitungsstrategien einer Person gewinnen und gezielte Fragen stellen, um deren Prozesse bewusst zu machen oder zu verändern.

Die Validität von Zugangssignalen im NLP, insbesondere der Theorie, dass Augenbewegungen, Körperhaltung und andere Zugangssignale auf spezifische Repräsentationssysteme (visuell, auditiv, kinästhetisch) hinweisen, ist ein kontroverses Thema in der wissenschaftlichen Gemeinschaft. Hier eine Übersicht über den aktuellen Stand der Forschung und Diskussion:

1. Frühe Forschung und Kritik

• In den 1970er und 1980er Jahren, als NLP sich entwickelte, wurde die Theorie der Zugangssignale als eine der Kernannahmen präsentiert. NLP-Praktiker schlugen vor, dass Augenbewegungen und andere körperliche Hinweise anzeigen, welches Repräsentationssystem eine Person nutzt. Diese Annahmen wurden in der NLP-Gemeinschaft populär und bis heute in praktischen Anwendungen beibehalten.

• Frühere wissenschaftliche Studien, die versuchten, die Verbindung zwischen Augenbewegungen und den Repräsentationssystemen zu bestätigen, lieferten jedoch oft keine eindeutigen Beweise. Einige Studien fanden keine Korrelationen zwischen Augenbewegungen und kognitiven Prozessen, wie sie von NLP behauptet werden. Forscher kritisierten, dass NLP nicht auf einem soliden empirischen Fundament basiert und dass die Methodik vieler Studien in diesem Bereich mangelhaft sei.

2. Aktuelle wissenschaftliche Erkenntnisse

• Augenbewegungen: Neuere Studien haben gezeigt, dass Augenbewegungen mit bestimmten kognitiven Prozessen (z.B. Gedächtnisabruf, visuelle Vorstellung) in Verbindung stehen können, aber nicht in der Art und Weise, wie es NLP beschreibt. Die Forschung deutet darauf hin, dass Augenbewegungen bei der kognitiven Verarbeitung eine Rolle spielen, aber eher flexibel sind und nicht konsistent mit festen Repräsentationssystemen korrelieren (wie „visuell konstruiert" oder „auditiv erinnert").

• Eine Metaanalyse von Studien zur Verbindung zwischen Augenbewegungen und Repräsentationssystemen im NLP zeigte, dass es keine konsistente Evidenz für die in NLP behaupteten Zusammenhänge gibt. Die Augenbewegungen scheinen mehr mit individuellen Denkmustern und Gedächtnisprozessen zu tun zu haben, die von Mensch zu Mensch variieren.

• Körperhaltung und Stimmmuster: Die Behauptung, dass bestimmte Körperhaltungen oder Stimmlagen direkt auf spezifische Repräsentationssysteme hinweisen, hat ebenfalls wenig empirische Unterstützung gefunden. Einige Studien legen nahe, dass bestimmte Haltungen oder Stimmen bestimmte Emotionen verstärken können (z.B. aufrechte Haltung für Selbstbewusstsein), aber es gibt keine starken Beweise dafür, dass sie systematisch mit kognitiven Repräsentationssystemen wie „visuell", „auditiv" oder „kinästhetisch" verknüpft sind.

• Neurowissenschaftliche Perspektive: Neuere Forschungen in der Neurowissenschaft zeigen, dass das Gehirn kognitive Prozesse auf eine weitaus komplexere Weise organisiert, als NLP-Modelle dies darstellen. Kognitive Prozesse sind hoch dynamisch und verteilen sich über viele Gehirnbereiche hinweg, anstatt fest an bestimmte körperliche Hinweise gebunden zu sein. Das Gehirn integriert multisensorische Informationen, und es ist schwierig, diese Prozesse allein durch äußere Verhaltenshinweise zu erkennen.

3. Aktueller Stand der Diskussion

Die wissenschaftliche Gemeinschaft steht NLP und insbesondere der Theorie der Zugangssignale weiterhin skeptisch gegenüber. Die wesentlichen Punkte der Kritik sind:

• Mangel an konsistenter empirischer Evidenz: Die meisten Studien haben keinen konsistenten Zusammenhang zwischen Zugangssignalen und den Repräsentationssystemen, wie sie von NLP behauptet werden, festgestellt.
• Methodische Schwächen: Viele der bisherigen Studien zu NLP und Zugangssignalen weisen methodische Schwächen auf, was es schwierig macht, verlässliche Aussagen zu treffen. Die Reproduzierbarkeit und wissenschaftliche Fundierung der NLP-Ansätze wurden infrage gestellt.
• Hohe Variabilität zwischen Individuen: Studien zeigen, dass Augenbewegungen und andere körperliche Signale stark von individuellen Mustern abhängen, die nicht allgemein auf NLP-Theorien angewendet werden können. Kognitive Prozesse sind oft sehr individuell, und es gibt keine „universelle Sprache" der Zugangssignale, die für alle Menschen gleichermaßen gilt.

4. Praktische Bedeutung und alternative Ansätze

Trotz des Mangels an empirischer Unterstützung verwenden viele NLP-Praktiker Zugangssignale weiterhin in der Praxis und berichten über positive Erfahrungen. Einige argumentieren, dass Zugangssignale nützlich sein können, um Aufmerksamkeit und Intuition zu schulen, selbst wenn ihre Zuverlässigkeit wissenschaftlich nicht eindeutig belegt ist.

Einige alternative Ansätze und Theorien, die in der Psychologie und Neurowissenschaft diskutiert werden, bieten möglicherweise nützlichere Werkzeuge zur Interpretation von Körpersignalen und kognitiven Prozessen, darunter:

• Embodied Cognition: Dieser Ansatz untersucht, wie kognitive Prozesse durch körperliche Erfahrungen und Bewegungen beeinflusst werden. Embodied Cognition ist wissenschaftlich anerkannt und hat einige Überschneidungen mit NLP, betont aber die dynamische Interaktion zwischen Körper und Geist ohne feste Zuordnung zu Repräsentationssystemen.
• Kognitive und affektive Neurowissenschaft: Die Rolle der Emotionen und Gedächtnisprozesse in der kognitiven Verarbeitung wird umfassend erforscht. Dies könnte Einblicke geben, wie individuelle Muster von Körpersprache und Stimme zu interpretieren sind, ohne feste NLP-Kategorien.

Fazit

Der wissenschaftliche Beweis für die Validität von Zugangssignalen im NLP ist bis heute nicht erbracht, und die Theorie bleibt umstritten. Neuere Forschungsergebnisse und theoretische Ansätze unterstützen eher die Annahme, dass kognitive Prozesse komplex und individuell sind und dass Zugangssignale keine festen Verbindungen zu spezifischen Repräsentationssystemen haben. Die NLP-Technik der Zugangssignale ist also mehr ein praktisches Werkzeug zur Beobachtung und Intuition als eine wissenschaftlich fundierte Methode.

Obwohl Zugangssignale in NLP weiterhin verwendet werden, ist es ratsam, sie mit Vorsicht zu interpretieren und alternative wissenschaftlich fundierte Ansätze zu berücksichtigen, die kognitive Prozesse differenzierter und empirisch abgesichert erforschen.

Es ist durchaus möglich, dass der fehlende Nachweis für die Gültigkeit der Zugangssignale zum Teil auf die Komplexität und das gleichzeitige Zusammenspiel mehrerer kognitiver Prozesse und Strategien zurückzuführen ist. Die Hypothese, dass eine Strategie selten isoliert abläuft und oft von parallel laufenden Prozessen wie der Ich-Strategie (Benutzerillusion) und innerem Dialog begleitet wird, könnte eine entscheidende Rolle spielen. Hier sind einige Gründe, warum die Validität der Zugangssignale dadurch schwer nachzuweisen ist:

1. Komplexität paralleler kognitiver Prozesse

• Strategien im menschlichen Denken und Handeln laufen selten isoliert ab. Während jemand z.B. eine Rechtschreibstrategie ausführt (z.B. das Visualisieren eines Wortes), kann gleichzeitig eine „Ich-Strategie" aktiv sein, die das Gefühl eines handelnden Ichs erzeugt. Dazu könnte ein innerer Dialog oder eine Bewertung der Situation stattfinden (z.B. „Warum fragt er mich das?").
• Diese parallelen Prozesse überlagern sich und beeinflussen die körperlichen Zugangssignale (wie Augenbewegungen, Atmung, etc.), sodass diese Signale nicht eindeutig einer einzigen Strategie zugeordnet werden können. Das Ergebnis ist eine „Mischung" von Signalen, die nicht einfach interpretiert werden kann und je nach Kontext variieren kann.

2. Ständige Wechsel zwischen Repräsentationssystemen

• Menschen wechseln oft dynamisch zwischen verschiedenen Repräsentations-systemen (visuell, auditiv, kinästhetisch), selbst innerhalb einer einzigen Strategie. Zum Beispiel könnte eine Person während der Rechtschreibstrategie erst ein visuelles Bild des Wortes abrufen, dann einen inneren Dialog führen („Ist das richtig?"), und schließlich ein kinästhetisches Gefühl (Sicherheit oder Un-sicherheit) erleben.

• Dieser ständige Wechsel zwischen Systemen führt zu variierenden Zugangs-signalen, die von außen schwer interpretierbar sind, weil sie keine klare, kon-stante Korrelation mit einem einzelnen Repräsentationssystem oder einer iso-lierten Strategie aufweisen.

3. Der Einfluss der Benutzerillusion und des Ich-Gefühls

• Die „Ich-Strategie" oder Benutzerillusion – das Gefühl, dass „ich" der Han-delnde bin – könnte ein grundlegender Prozess sein, der kontinuierlich im Hin-tergrund abläuft und andere Strategien begleitet. Diese Ich-Strategie könnte durch subtile körperliche Anpassungen (wie eine konstante Muskelanspan-nung oder leichte Körperbewegungen) Zugangssignale beeinflussen und ver-fälschen.

• Wenn die Benutzerillusion parallel zur Rechtschreibstrategie aktiv ist, könnte sie Zugangssignale generieren, die nicht spezifisch für die Rechtschreibstrate-gie sind, sondern das Ich-Gefühl unterstützen. Dadurch wird es schwer, die Signale eindeutig der Rechtschreibstrategie zuzuordnen.

4. Einfluss unbewusster Bewertung und innerer Dialoge

• Während eine Person eine Strategie ausführt, läuft oft ein paralleler, unbe-wusster Bewertungsprozess ab. Ein Beispiel ist der innere Dialog („Warum fragt er das?"), der unwillkürlich auftreten kann, während die Hauptstrategie aktiv ist.

• Solche inneren Dialoge und Bewertungen könnten wiederum Zugangssignale wie Augenbewegungen oder Stimmveränderungen beeinflussen, da der innere Dialog oft auditiv oder kinästhetisch „gefühlt" wird. Die Überlagerung verschiedener Signale führt dazu, dass ein isolierter Nachweis schwer zu führen ist.

5. Kulturelle und individuelle Unterschiede

• Zugangssignale können durch kulturelle Prägungen oder persönliche Eigenheiten beeinflusst werden. Menschen haben individuelle Reaktionsmuster und verwenden unterschiedliche Strategien zur Ausführung und Bewertung derselben Handlung.

• Da Zugangssignale also auch von kulturellen und individuellen Faktoren beeinflusst werden, kann es schwierig sein, allgemeingültige Muster zu finden. Dieser Unterschied in individuellen Repräsentationssystemen erschwert es, eine konsistente Verbindung zwischen Zugangssignalen und spezifischen Strategien zu etablieren.

6. Zusammenfassende Überlegungen

Aus diesen Gründen ergibt sich das folgende Bild:

• Zugangssignale erscheinen oft als komplexe Mischung aus verschiedenen überlappenden Prozessen und sind selten das Ergebnis einer isolierten Strategie. Das Gehirn arbeitet als hochdynamisches System, in dem mehrere Strategien, Bewertungen und der innere Dialog gleichzeitig ablaufen und ein einheitliches Erlebnis erzeugen.

• Das Fehlen isolierter, eindeutiger Zugangssignale macht es schwierig, eine klare wissenschaftliche Validität für die NLP-Modelle der Zugangssignale nachzuweisen, da es selten möglich ist, eine Strategie von anderen Prozessen komplett zu trennen.
• Tatsächlich könnte der Versuch, Zugangssignale zu isolieren, der Komplexität des menschlichen Geistes nicht gerecht werden, da das Ich-Gefühl, Bewertungen und unbewusste Prozesse immer mitschwingen und sich gegenseitig beeinflussen.

Fazit

Die Hypothese, dass das fehlende wissenschaftliche Fundament der Zugangssignale darauf zurückzuführen ist, dass sie selten isoliert, sondern in Kombination mit anderen Prozessen ablaufen, ist plausibel. Die parallele Aktivität mehrerer Strategien (wie Rechtschreibstrategie und Ich-Strategie) führt zu einer Überlagerung von Signalen, die wissenschaftlich schwer exakt zu trennen und zu analysieren ist. Stattdessen könnte es sinnvoll sein, Zugangssignale als Hinweise auf komplexe, dynamische Prozesse zu betrachten, anstatt als eindeutige Indikatoren für spezifische Repräsentationssysteme oder isolierte Strategien.

Fallbeispiele

Hier sind sechs Fallbeispiele für den Prozess des "Auspackens" von Strategien, bei dem jede Person bewusst die verschiedenen Schritte und Zugangssignale ihrer jeweiligen Strategie beobachtet und übertreibt, ohne den Ablauf zu verändern. Das Ziel ist es, die Strategie so detailliert wie möglich zu verstehen.

1. Maria und die Rechtschreibstrategie

Maria möchte herausfinden, wie sie beim Rechtschreiben vorgeht, wenn sie ein Wort aufschreibt, bei dem sie sich unsicher ist.

• Schritt 1: Maria sitzt ruhig und entspannt, ohne sich auf das Ergebnis zu konzentrieren. Sie beginnt, das Wort „interessant" in Gedanken zu wiederholen und sich darauf zu fokussieren, was genau in ihrem Kopf passiert.
• Schritt 2: Sie stellt fest, dass sie das Wort innerlich hört und leise nachspricht. Sie wiederholt das innere Sprechen und übertreibt es, spricht das Wort innerlich besonders langsam und laut. Sie merkt, dass dies den Prozess zu dominieren scheint.
• Schritt 3: Als sie weitergeht, versucht sie, ein inneres Bild des Wortes zu konstruieren. Dabei bemerkt sie eine leichte Augenbewegung nach oben links und stellt fest, dass das Bild eher unscharf und instabil ist.
• Schritt 4: Sie achtet auf ihr Gefühl, das während dieses Prozesses entsteht. Maria stellt fest, dass sie ein leichtes Unwohlsein verspürt, ein unsicheres Gefühl, das sie wahrnimmt, wenn das Bild nicht klar wird.
• Schritt 5: Schließlich schreibt Maria das Wort hin, ohne es wirklich sicher zu wissen. Sie reflektiert, dass ihr Ablauf aus Hören, innerem Nachsprechen, unscharfer Visualisierung, einem Gefühl und schließlich dem Schreiben besteht. Durch das Übertreiben der einzelnen Schritte hat sie das vollständige Bild ihrer Strategie erhalten.

2. Thomas und die Rechtschreibstrategie (effiziente Version)

Thomas will verstehen, wie er vorgeht, wenn er sich bei einem Wort sicher ist und es direkt richtig schreibt.

• Schritt 1: Thomas beginnt, das Wort „Energie" zu hören, und versucht, sich bewusst zu machen, was in ihm passiert.
• Schritt 2: Er bemerkt, dass er sofort ein klares Bild des Wortes „Energie" vor seinem inneren Auge hat. Er fixiert dieses Bild und stellt fest, dass seine Augen sich nach oben rechts bewegen, als ob er das Bild aus einer erinnerten Vorstellung abrufen würde.
• Schritt 3: Thomas verstärkt das Bild innerlich, übertreibt die Klarheit und Schärfe, sodass er das Wort sehr deutlich auf einer imaginären Tafel sieht. Er spürt ein ruhiges, positives Gefühl, das ihm Sicherheit gibt.
• Schritt 4: Er beobachtet sich beim Schreiben und erkennt, dass der Ablauf fast wie ein Abschreiben des erinnerten Wortes ist, ohne Nachdenken und ohne Unsicherheit.
• Schritt 5: Nachdem er die Strategie vollständig durchlaufen hat, ist er sicher, dass sie aus einem klaren inneren Wortbild, einem guten Gefühl und dem automatischen Schreiben besteht.

3. Anna und die ineffiziente Bestellstrategie

Anna will verstehen, warum sie oft unsicher ist, wenn sie im Restaurant etwas bestellt.

• Schritt 1: Anna setzt sich und ruft die typische Situation auf, in der sie eine Speisekarte betrachtet. Sie nimmt die Karte gedanklich in die Hand und beginnt, sich auf die inneren Abläufe zu konzentrieren.

• Schritt 2: Sie stellt fest, dass sie beginnt, sich laut innerlich zu fragen, was die anderen wohl nehmen werden. Sie wiederholt diese Frage bewusst und übertreibt den inneren Dialog („Was würde mein Freund bestellen?", „Was denken die anderen über meine Wahl?").

• Schritt 3: Anna merkt, dass sich ein Gefühl von Unsicherheit einstellt, während sie gedanklich verschiedene Optionen durchgeht. Sie übertreibt das Gefühl bewusst, um es stärker wahrzunehmen und sich seiner bewusst zu werden.

• Schritt 4: Schließlich entscheidet sie sich für ein Gericht, aber ohne Überzeugung. Sie hat das Gefühl, einfach irgendetwas zu wählen, um die Unsicherheit zu beenden.

• Schritt 5: Anna reflektiert diesen Ablauf: Lesen, innerer Dialog über die Meinung anderer, Unsicherheitsgefühl und die unsichere Wahl. Durch das bewusste Beobachten und Übertreiben konnte sie die ineffiziente Struktur ihrer Strategie klar erkennen.

4. Paul und die effiziente Bestellstrategie

Paul möchte besser verstehen, wie er effizient ein Gericht auswählt, wenn er zufrieden und sicher ist.

• Schritt 1: Paul setzt sich und stellt sich vor, wie er die Speisekarte in einem Restaurant liest. Er fokussiert sich auf seinen inneren Prozess.

• Schritt 2: Er liest ein Gericht, das ihn interessiert, und bemerkt, dass er ein großes, farbiges Bild des Gerichts vor seinem inneren Auge sieht. Er verstärkt dieses Bild bewusst und nimmt es in allen Details wahr.

• Schritt 3: Paul „probiert" das Gericht in seiner Vorstellung und bemerkt, dass er ein gutes Gefühl bekommt. Er wiederholt das Probeschmecken innerlich und verstärkt das positive Gefühl.

• Schritt 4: Schließlich entscheidet er sich klar und sicher, als ob die Entscheidung von selbst fällt. Er reflektiert, dass seine Strategie aus Lesen, lebhafter Visualisierung, Probeschmecken und einem guten Gefühl besteht.

• Schritt 5: Durch das bewusste Beobachten hat Paul die Schritte seiner Strategie präzise erkannt.

5. Lisa und die ineffiziente Konfrontationsstrategie mit einer Maus

Lisa möchte ihre Reaktion auf eine Maus verstehen, da sie bei einer Begegnung in Panik gerät.

• Schritt 1: Lisa schließt die Augen und stellt sich eine typische Begegnung mit einer Maus vor. Sie konzentriert sich darauf, was in ihr abläuft.
• Schritt 2: Sie bemerkt, dass sie sofort ein Horrorszenario sieht, in dem die Maus riesig und bedrohlich erscheint. Sie verstärkt das Bild und stellt fest, wie ihre Atmung flacher und schneller wird.
• Schritt 3: Lisa fühlt die aufkommende Panik und übertreibt das Gefühl bewusst, um die Reaktion stärker zu spüren.
• Schritt 4: Sie nimmt wahr, dass sie in Gedanken wegläuft und sich von der Maus distanziert, obwohl sie nur sitzt und visualisiert.
• Schritt 5: Durch diese detaillierte Beobachtung erkennt Lisa, dass ihre Strategie aus dem Sehen eines Horrorfilms, Panikgefühl und dem Drang zur Flucht besteht.

6. Max und die effiziente Konfrontationsstrategie mit einer Maus

Max will herausfinden, wie er gelassen bleibt, wenn er eine Maus sieht.

• Schritt 1: Max setzt sich und stellt sich vor, wie er auf eine Maus trifft. Er konzentriert sich auf das, was dabei in ihm passiert.
• Schritt 2: Er bemerkt, dass er die Maus als klein und süß sieht, fast wie ein niedliches Tier in einem Film. Er verstärkt das Bild und nimmt die Maus als harmlos wahr.

• Schritt 3: Max sagt sich innerlich „Oh, wie süß", ohne dass sich ein Unwohlsein einstellt. Er übertreibt den inneren Dialog, um sicherzustellen, dass er ihn deutlich wahrnimmt.

• Schritt 4: Er spürt seine ruhige Atmung und bemerkt, dass sich sein Körper entspannt und ausgeglichen fühlt.

• Schritt 5: Durch das bewusste Nachvollziehen der Schritte wird ihm klar, dass seine Strategie aus dem positiven Bild, dem inneren Dialog „Oh, wie süß" und der ruhigen Atmung besteht.

Diese Fallbeispiele zeigen, wie jede Person ihre Strategie genau „auspackt" und alle Schritte und Zugangssignale systematisch durchläuft. Die bewusste Übertreibung und detaillierte Beobachtung helfen, die Struktur der Strategie klar und bewusst zu erfassen, bevor eine Veränderung angestrebt wird.

Das Meta-Modell der Sprache

Das Meta-Modell der Sprache wurde ursprünglich von Richard Bandler und John Grinder entwickelt. Es ist ein Werkzeug zur Analyse und Verbesserung der Kommunikation und soll helfen, durch gezielte Fragen die genaue Bedeutung und Struktur der Aussagen eines Gesprächspartners zu ergründen. Es basiert auf der Vorstellung, dass Menschen ihre Erfahrungen und Gedanken durch Sprache repräsentieren, dabei jedoch häufig wichtige Informationen verzerren, generalisieren oder auslassen. Diese Verzerrungen und Auslassungen sind laut Bandler und Grinder wesentliche Ursachen für Missverständnisse und Kommunikationsprobleme.

1. Theoretische Grundlagen und Hintergrund

Das Meta-Modell ist stark von der Transformationsgrammatik des Linguisten Noam Chomsky inspiriert. Chomsky unterscheidet zwischen Tiefenstruktur und Oberflächenstruktur in der Sprache:

• Tiefenstruktur ist die zugrunde liegende Bedeutung oder der Inhalt einer Aussage, der im Denken und in der Vorstellung der Person existiert. Sie umfasst die vollständigen Gedanken und Vorstellungen, die eine Person hat, bevor sie in Worte gefasst werden.
• Oberflächenstruktur ist die konkrete sprachliche Form, in der diese Gedanken und Vorstellungen ausgedrückt werden. Dabei kommt es oft zu Verzerrungen, Auslassungen und Generalisierungen, die das gesprochene oder geschriebene Wort einfacher und verständlicher machen sollen, aber gleichzeitig die ursprüngliche Bedeutung der Tiefenstruktur reduzieren können.

Die Theorie hinter diesem Ansatz besagt, dass die Tiefenstruktur der Sprachäußerungen oft komplexer und vollständiger ist als das, was wir tatsächlich ausdrücken (Oberflächenstruktur). Das Meta-Modell der Sprache zielt darauf ab, die Oberflächenstruktur wieder näher an die Tiefenstruktur heranzuführen, indem man gezielt Fragen stellt, um die in der Oberflächenstruktur ausgelassenen oder verzerrten Informationen wiederherzustellen.

2. Warum heißt es „Meta-Modell"?

Der Begriff „Meta-Modell" deutet darauf hin, dass es sich um ein „Modell eines Modells" handelt. Sprache selbst ist ein Modell der Wirklichkeit, das wir nutzen, um Erfahrungen zu beschreiben und zu kommunizieren. Das Meta-Modell der Sprache ist ein übergeordnetes Modell, das uns hilft, dieses sprachliche Modell zu hinterfragen und zu verfeinern. Es soll also die Qualität des sprachlichen Modells verbessern, indem es tieferliegende Bedeutungen freilegt und Missverständnisse reduziert. Das „Meta-" im Namen bedeutet daher, dass es sich um eine methodische Ebene handelt, die über der normalen Sprachstruktur steht und darauf abzielt, Sprachmuster bewusster und genauer zu gestalten.

3. Hauptkategorien im Meta-Modell: Verzerrung, Generalisierung, Auslassung (Tilgung)

Das Meta-Modell identifiziert spezifische Sprachmuster, die durch Verzerrung, Generalisierung und Auslassung gekennzeichnet sind. Diese Muster sind Filter, durch die wir unsere Erfahrungen in Sprache fassen, jedoch oft auf eine Weise, die die ursprüngliche Bedeutung verändert oder einschränkt.

• Verzerrung: Dies tritt auf, wenn die Bedeutung einer Aussage verändert oder verzerrt wird. Beispiele sind Ursache-Wirkungs-Beziehungen, die möglicherweise ungenau sind („Du machst mich wütend"), oder Nominalisierungen, bei denen Prozesse zu abstrakten Begriffen gemacht werden („Erfolg" statt „etwas erfolgreich tun").

• Generalisierung: Hier werden spezifische Erfahrungen verallgemeinert, was zu übergreifenden Aussagen führt, die nicht immer zutreffend sind („Alle Männer sind …" oder „Ich kann das nie schaffen"). Diese Generalisierungen können einschränkend wirken und verhindern, dass der Sprecher flexibel auf die Realität reagiert.

• Auslassung: Manche Informationen werden in Aussagen weggelassen, was zu Unklarheiten führen kann („Ich fühle mich schlecht", ohne zu spezifizieren, warum oder was genau „schlecht" bedeutet). Durch gezielte Fragen kann die vollständige Bedeutung wieder ans Licht gebracht werden.

4. Anwendung des Meta-Modells: Tiefenstruktur freilegen

Im NLP wird das Meta-Modell verwendet, um gezielte Fragen zu stellen, die auf die Rekonstruktion der Tiefenstruktur abzielen. Diese Fragen helfen dabei, unbewusste Annahmen aufzudecken, fehlende Informationen zu erfragen und ungenaue Verallgemeinerungen zu klären. Beispiele für solche Fragen sind:

• Bei Verzerrungen: „Wer sagt, dass das so ist?" oder „Wie genau kommst du zu dieser Schlussfolgerung?"
• Bei Generalisierungen: „Immer?" oder „Wer genau?"
• Bei Auslassungen: „Was genau fühlst du?" oder „In welchem Kontext?"

Das Ziel ist es, die Kommunikation zu klären und dem Sprecher zu helfen, seine eigenen Gedanken klarer zu erkennen. Oft zeigt sich dabei, dass viele der „Beschränkungen", die Menschen erleben, auf sprachliche Verzerrungen und Annahmen zurückzuführen sind.

5. Tiefenstruktur und Oberflächenstruktur im Kontext von NLP

Im NLP basiert das Meta-Modell auf der Idee, dass das, was Menschen über ihre Erfahrungen berichten, häufig eine vereinfachte, verzerrte Version ihrer tieferliegenden Überzeugungen und inneren Modelle (Tiefenstruktur) ist. Die Oberflächenstruktur, also das tatsächlich Gesagte, ist eine reduzierte Version dieser umfassenderen, unbewussten Tiefe. Durch gezielte Fragen im Meta-Modell wird versucht, diese tiefere Ebene der Bedeutung ans Licht zu bringen.

Die Theorie ist also, dass die Tiefenstruktur eine vollständige und oft implizit vorhandene Darstellung der inneren Erfahrung ist, während die Oberflächenstruktur nur eine selektive und oft unvollständige Repräsentation davon ist.

6. Verbindung zur Linguistik und Psychologie

Das Meta-Modell ist auch eine praktische Anwendung von Chomskys Theorien zur Transformationsgrammatik, die die Idee beschreibt, dass es verschiedene Ebenen der Sprachverarbeitung gibt, die durch Regeln und Transformationen miteinander verbunden sind. In der Transformationsgrammatik werden bestimmte syntaktische Regeln angewendet, um eine Tiefenstruktur in eine Oberflächenstruktur zu transformieren. NLP überträgt diesen Gedanken auf den Bereich der persönlichen Kommunikation und erweitert ihn um psychologische Aspekte.

In der psychotherapeutischen Praxis gibt es ähnliche Ansätze, wie z.B. die Kognitive Verhaltenstherapie (CBT), die ebenfalls darauf abzielt, irrationale oder verzerrte Denkprozesse zu identifizieren und zu modifizieren. Auch wenn das Meta-Modell der Sprache nicht direkt aus der wissenschaftlichen Psychologie stammt, sind ähnliche Prinzipien in der Psychotherapie zu finden.

Fazit

Das Meta-Modell im NLP basiert auf Chomskys Theorie der Transformationsgrammatik und stellt eine praktische Anwendung dieser dar. Ähnliche Ansätze finden sich auch in der psychotherapeutischen Praxis, beispielsweise in der kognitiven Verhaltenstherapie. Diese zielt ebenfalls darauf ab, irrationale oder verzerrte Denkprozesse zu erkennen und zu verändern. Das Metamodell steht somit in Einklang mit den Prinzipien der wissenschaftlichen Psychologie.

Strategien und Meta-Modell

Das Meta-Modell und der Strategiebegriff im NLP sind eng miteinander verbunden, insbesondere im Hinblick darauf, wie das Meta-Modell verwendet
wird, um die unbewussten Denkprozesse, Entscheidungswege und Handlungs-
strategien einer Person zu erkennen und auszupacken. Im NLP wird angenommen, dass Menschen im Alltag Strategien verwenden, die oft unbewusst
ablaufen und aus einer Reihe kognitiver und emotionaler Schritte bestehen.
Das Meta-Modell hilft dabei, diese Strategien explizit zu machen, indem es
durch gezielte Fragen auf die Tiefenstruktur zugreift und verborgene Elemente
der Denk- und Handlungsmuster ans Licht bringt.

1. Die Rolle der Tiefenstruktur in Strategien

Die Tiefenstruktur im NLP umfasst nicht nur die grundlegende Bedeutung einer Aussage, sondern auch die zugrunde liegenden Gedanken, Überzeugungen
und Strategien, die eine Person anwendet, um ihre Erfahrungen zu verarbeiten
und zu handeln. Tiefenstruktur ist der vollständige „innere" Prozess, der vor-
liegt, bevor er in die Oberflächenstruktur übersetzt wird. Das bedeutet, dass in
der Tiefenstruktur oft auch unbewusste Schritte einer Strategie enthalten sind,
die zur Entscheidungsfindung oder zur Handlungsplanung führen.

Da die Tiefenstruktur alle Aspekte des inneren Erlebens einer Person umfasst,
enthält sie somit auch die unbewussten Elemente einer Strategie. Viele dieser
Strategien sind nicht offensichtlich oder vollständig bewusst, sondern zeigen
sich nur indirekt in der Art und Weise, wie eine Person kommuniziert, sich
verhält oder Entscheidungen trifft. Durch das Meta-Modell können diese unbewussten Komponenten sichtbar gemacht werden.

2. Das Meta-Modell als Werkzeug zum Entpacken von Strategien

Das Meta-Modell der Sprache kann verwendet werden, um diese Strategien explizit zu machen, indem es die Oberflächenstruktur der Sprache analysiert und Lücken, Verzerrungen und Auslassungen aufdeckt. Durch gezielte Fragen kann man die zugrunde liegenden Gedanken und Schritte herausfinden, die die Person möglicherweise nicht spontan äußert.

Beispielsweise:

• Verzerrungen (z. B. „Ich kann das einfach nicht tun") können auf limiting beliefs oder Glaubenssätze hinweisen, die Teil einer Strategie sind, die eine Person davon abhält, bestimmte Handlungen auszuführen.
• Generalisierungen (z. B. „Alle Situationen laufen immer schief") können eine Strategie zur Vermeidung oder zur Rechtfertigung bestimmter Verhaltensmuster enthalten.
• Auslassungen (z. B. „Das fühlt sich einfach falsch an") können auf unbewusste Bewertungskriterien hinweisen, die Teil einer Entscheidungsstrategie sind.

Durch das Stellen von Meta-Modell-Fragen kann ein NLP-Praktiker diese unbewussten Aspekte einer Strategie aufdecken, indem er z. B. fragt:

• „Was genau hält dich davon ab?"
• „In welchen Situationen passiert das immer?"
• „Was genau ist das Gefühl, das du erlebst?"

Diese Fragen helfen, die fehlenden oder unbewussten Teile einer Strategie aufzudecken und die vollständige Tiefenstruktur einer Erfahrung oder eines Entscheidungsprozesses zu rekonstruieren.

3. Verzerrung als unbewusste Strategie

Verzerrungen in der Sprache, wie sie im Meta-Modell analysiert werden, können selbst als eine Art Strategie verstanden werden. Eine Verzerrung könnte z. B. dazu dienen, unangenehme Gefühle zu vermeiden, eigene Handlungsweisen zu rechtfertigen oder ein komplexes Thema einfacher darzustellen. NLP sieht solche sprachlichen Verzerrungen als „Mini-Strategien", die unbewusst genutzt werden, um bestimmte Ergebnisse zu erzielen (z. B. sich selbst zu schützen oder innere Konflikte zu vermeiden).

Beispiel: Wenn jemand sagt: „Ich bin einfach nicht gut genug", könnte das eine Verzerrung sein, die Teil einer Strategie ist, um das Risiko von Misserfolg zu vermeiden oder sich nicht exponieren zu müssen. Durch das Meta-Modell kann diese Verzerrung aufgedeckt werden, und die dahinterliegende Strategie wird sichtbar – möglicherweise eine unbewusste Strategie des Selbstschutzes.

4. Meta-Modell und Strategien im Kontext der Veränderungsarbeit

Im NLP wird das Meta-Modell oft genutzt, um limitierende Strategien zu identifizieren und zu verändern. Sobald die unbewussten Schritte einer Strategie ans Licht gebracht wurden, kann die Person dazu angeleitet werden, die Strategie zu modifizieren oder neu zu gestalten. Wenn beispielsweise eine Person eine Strategie hat, die sie davon abhält, Risiken einzugehen (z. B. durch das Aufrechterhalten eines Glaubenssatzes wie „Ich werde sowieso scheitern"), dann kann das Meta-Modell dazu verwendet werden, diese Strategie durch gezielte Fragen zu hinterfragen und alternative Sichtweisen zu entwickeln.

Das Meta-Modell kann also nicht nur zum Entpacken und Offenlegen von Strategien dienen, sondern auch als Instrument zur Strategieumstrukturierung eingesetzt werden, um unbewusste Denk- und Handlungsmuster zu verändern und bewusster zu steuern.

Zusammenfassung: Beziehung zwischen Meta-Modell, Tiefenstruktur und Strategien

Zusammengefasst ist das Meta-Modell im NLP ein kraftvolles Werkzeug, um die Tiefenstruktur einer Aussage offenzulegen und dadurch unbewusste Strategien einer Person sichtbar zu machen. Die Tiefenstruktur umfasst die vollständigen Denk- und Gefühlsprozesse, die oft die Basis für Strategien bilden, einschließlich unbewusster Schritte und Annahmen. Verzerrungen, Generalisierungen und Auslassungen sind nicht nur sprachliche Muster, sondern können auch als Indikatoren für unbewusste Strategien betrachtet werden, die durch gezielte Fragen analysiert und verändert werden können.

Das Meta-Modell bietet somit die Möglichkeit:

1. Unbewusste Strategien zu erkennen: Durch das Stellen von Fragen, die darauf abzielen, die vollständige Bedeutung und Absicht hinter einer Aussage zu erfassen.
2. Strategien zu verstehen und zu optimieren: Indem man die Struktur der inneren Prozesse explizit macht, die eine Person nutzt, um zu Entscheidungen oder Handlungen zu gelangen.

3. Limitierende Strategien zu transformieren: Durch das Entdecken und Hinterfragen verzerrter oder hinderlicher Strategien, sodass neue, hilfreichere Muster entwickelt werden können.

Das Meta-Modell ist also ein zentraler Bestandteil im NLP, um Kommunikationsmuster und innere Strategien bewusst zu machen und sie gezielt zu verändern.

Submodalitäten

Im NLP-Konzept spielen Submodalitäten eine zentrale Rolle, da sie als „Feinjustierung" unserer Sinneswahrnehmungen betrachtet werden. Die Submodalitäten beeinflussen, wie stark oder schwach, positiv oder negativ wir eine Erfahrung wahrnehmen, indem sie die Intensität und Qualität unserer internen Repräsentationen modulieren. Typische Submodalitäten sind z. B. Helligkeit, Größe, Klarheit und Farbe für visuelle Vorstellungen oder Lautstärke und Tonhöhe für auditive Eindrücke. Der NLP-Ansatz geht davon aus, dass Veränderungen in diesen Submodalitäten das emotionale Erleben und Verhalten einer Person direkt beeinflussen können.

Um diese Wirkung zu verstehen, betrachten wir zunächst die Mechanik der Submodalitäten im NLP und anschließend deren wissenschaftliche Überprüfung und Validität.

 Mechanik der Submodalitäten im NLP

Submodalitäten werden im NLP als die spezifischen Eigenschaften betrachtet, die jede sensorische Erfahrung präzise definieren und modifizieren. Die Idee dahinter ist, dass durch gezielte Veränderungen in den Submodalitäten das Erleben einer Erfahrung gesteuert und verändert werden kann. Diese Mechanik kommt in verschiedenen NLP-Techniken zum Einsatz, wie z. B.:

• Swish-Technik: Hier wird ein unerwünschtes Bild, etwa eine schlechte Angewohnheit, durch ein gewünschtes Bild ersetzt. Durch das schnelle Vertauschen und das Setzen bestimmter Submodalitäten (z. B. Helligkeit, Klarheit) soll das alte Muster „verblassen" und durch das neue Bild ersetzt werden.
• Mapping Across: Bei dieser Technik werden Submodalitäten gezielt „überschrieben", um eine emotionale Reaktion zu ändern, indem etwa ein Bild, das

Angst auslöst, in Bezug auf Farbe oder Größe an ein neutrales Bild angepasst wird.

• Treiber-Submodalitäten: NLP-Theoretiker haben herausgefunden, dass bestimmte Submodalitäten besonders „treibend" sind, das heißt, sie haben eine stärkere Wirkung auf die Intensität des Erlebens. Beispielsweise kann Helligkeit im visuellen Bereich oder Lautstärke im auditiven Bereich die emotionale Intensität eines Bildes oder Tons verstärken oder abschwächen.

Durch solche Veränderungen in den Submodalitäten geht das NLP davon aus, dass die emotionale oder mentale Reaktion auf eine Vorstellung verändert werden kann, was eine Art „Neukonditionierung" darstellt.

Das Konzept der Submodalitäten ist tatsächlich eine spezifische Entwicklung innerhalb des NLP und wurde von Richard Bandler und John Grinder eingeführt. Es war eine Erweiterung ihrer Beobachtungen, dass Menschen nicht nur in verschiedenen Sinnesmodalitäten (wie visuell, auditiv, kinästhetisch) denken und erleben, sondern auch innerhalb dieser Modalitäten spezifische Feinabstimmungen oder „Submodalitäten" vornehmen, die ihre emotionale Reaktion auf eine Erfahrung beeinflussen können. Hier ist ein Überblick, wie dieses Konzept entstanden ist und wie es in NLP und anderen Ansätzen verwendet wird:

1. Ursprung und Rolle der Submodalitäten im NLP

Submodalitäten sind eine spezifische NLP-Erweiterung der ursprünglichen Wahrnehmungsmodalitäten (sehen, hören, fühlen), wie sie in der Psychologie allgemein bekannt sind. Bandler und Grinder beobachteten, dass Menschen ihre inneren Bilder und Erfahrungen auf unterschiedliche Weise gestalten können – zum Beispiel können sie ein Bild in ihrer Vorstellung groß oder klein, nah oder weit entfernt, farbig oder schwarz-weiß machen. Sie stellten fest, dass Veränderungen in diesen Submodalitäten eine deutliche Wirkung auf das emotionale Erleben und das Verhalten haben können.

Durch das bewusste Manipulieren von Submodalitäten soll es im NLP möglich sein, emotionale Reaktionen zu verstärken oder abzuschwächen und damit eine gezielte Einflussnahme auf mentale Zustände zu erreichen. Dieses Konzept ist ein integraler Bestandteil vieler NLP-Techniken, wie der Swish-Technik oder Mapping Across, wo Menschen lernen, unerwünschte Zustände in wünschenswerte umzuwandeln.

2. Gibt es Submodalitäten in anderen psychologischen Ansätzen?

Obwohl das Konzept der Submodalitäten in der Form, wie es im NLP verwendet wird, eine Erfindung von Bandler und Grinder ist, gibt es ähnliche Ideen in anderen psychologischen Ansätzen, die jedoch nicht explizit den Begriff „Submodalitäten" verwenden. Einige parallele Konzepte sind:

• Imagery Techniques in der Kognitiven Verhaltenstherapie (KVT): In der KVT gibt es das Konzept des „Imagery Rescripting", bei dem belastende Bilder und Vorstellungen durch positivere ersetzt werden. Auch wenn die KVT nicht spezifisch Submodalitäten manipuliert, wird die Veränderung der Art und Weise, wie jemand ein Bild erlebt, genutzt, um emotionale Reaktionen zu beeinflussen. Dies ist ähnlich, aber weniger formalisiert als das Submodalitäten-Konzept im NLP.
• Mentale Kontrolle und Visualisierung in der Sportpsychologie: Athleten arbeiten oft mit Visualisierungen, um ihre Leistung zu verbessern. Dabei spielt auch die Klarheit, Helligkeit und Intensität der inneren Bilder eine Rolle. Zwar wird hier nicht das Submodalitäten-Modell des NLP verwendet, aber das

Grundprinzip, dass innere Darstellungen emotional und physisch wirksam sein können, ist vergleichbar.

• Meditation und Achtsamkeitspraktiken: In der Meditation wird oft gelehrt, wie man Wahrnehmungen beobachtet und beeinflusst, um emotionale Reaktionen zu verändern. Diese Praktiken betonen zwar nicht spezifische Submodalitäten, aber das Bewusstsein und die Kontrolle über die eigene Wahrnehmung spielen eine ähnliche Rolle.

Obwohl es also vergleichbare Prinzipien gibt, ist das formalisierte Submodalitäten-Modell, wie es im NLP verwendet wird, spezifisch für das NLP und nicht in dieser Form in anderen psychologischen oder therapeutischen Ansätzen etabliert.

3. Submodalitäten-Techniken und der Stand der Wissenschaft

Die beiden Haupttechniken – Swish und Mapping Across – beruhen darauf, dass durch das Manipulieren von Submodalitäten emotionale Reaktionen verändert werden. In der wissenschaftlichen Psychologie sind jedoch solche Techniken nicht als empirisch gesichert anerkannt. Ein Grund dafür ist, dass die Wirkungsweise von Submodalitäten schwer objektiv messbar und oft subjektiv ist. Menschen reagieren unterschiedlich auf visuelle oder auditive Submodalitäten, und die individuellen Unterschiede sind groß, was es schwer macht, standardisierte Aussagen zu treffen.

Fazit

Die Mechanik der Submodalitäten im NLP ist eine interessante und praktische Methode, die in Coaching und Selbsthilfe wirksam erscheinen mag, da sie auf intuitiven Erfahrungen beruht und oft subjektiv wirksame Effekte zeigt. Wissenschaftlich fehlt jedoch eine Bestätigung, dass diese Techniken konsistente und reproduzierbare Ergebnisse liefern, insbesondere in klinischen und therapeutischen Anwendungen. Das Konzept bleibt daher primär ein Modell innerhalb des NLP, das in der wissenschaftlichen Psychologie und Neurowissenschaft keine umfassende Unterstützung oder Validität gefunden hat.

Persönliche Meinung

Meines Erachtens liegt in der Frage der Wirksamkeit solcher Techniken tatsächlich eine Abhängigkeit von der Bewusstseinsstufe und dem Entwicklungsstand der Person oder des spezifischen Anteils des Selbst, mit dem gearbeitet wird.

Menschen, die bestimmte Emotionen oder negative mentale Zustände erleben, entwickeln oft erst mit zunehmender Selbstwahrnehmung und Bewusstseinsarbeit die Fähigkeit, innere Bilder und Gedanken bewusst zu erkennen und zu beeinflussen. Dieser Prozess kann als das Entdecken von "zwei Bildschirmen" beschrieben werden: einem äußeren, mit dem wir unsere Umwelt wahrnehmen, und einem inneren, auf dem wir unsere eigenen mentalen Filme abspielen. Diese inneren Filme können oft negative Inhalte zeigen, die unbewusst zur Verstärkung unerwünschter Gefühle beitragen. Erst durch das bewusste Arbeiten mit Submodalitätentechniken wird es möglich, die Eigenschaften dieser inneren Bilder oder Filme zu verändern und dadurch auch emotionale Zustände zu beeinflussen.

Entscheidend für die Wirksamkeit solcher Techniken ist jedoch die Entwicklungsstufe des Selbst, auf der sich das Individuum befindet, wie in Modellen wie Ken Wilbers Stufenarchitektur beschrieben wird: ob archaisch, mythisch, magisch, rational, integral oder transpersonal. Auch der Bewusstseinszustand – grobstofflich, subtil, kausal oder non-dual – beeinflusst das Potenzial und die Wirkung dieser Techniken. Die transformative Kraft von Submodalitätentechniken ist daher nicht nur von den kognitiven Fähigkeiten oder dem theoretischen Verständnis des Einzelnen abhängig, sondern auch von dessen innerer Reife und Offenheit, die auf verschiedenen Entwicklungsstufen und in unterschiedlichen Bewusstseinszuständen variiert.

Aus dieser Perspektive wird nachvollziehbar, warum wissenschaftliche Methoden oft Schwierigkeiten haben, die Wirksamkeit von Submodalitätentechniken objektiv zu verifizieren. Personen, die sich auf einem hohen spirituellen Entwicklungsniveau befinden, sind beispielsweise häufig gar nicht mehr an NLP-Seminaren interessiert, während Menschen, die sich noch in frühen Entwicklungsphasen befinden, selten Zugang zu diesen Techniken suchen. Stattdessen interessieren sich oft diejenigen, die sich auf den Stufen der Selbstverwirklichung und Selbsttransformation befinden, für diese Methoden. Die starke Abhängigkeit von individuellen Bewusstseinsstufen und Zuständen erschwert eine objektive Messung und wissenschaftliche Verallgemeinerung der Wirksamkeit, da diese Techniken individuell stark variieren.

Stellen Sie sich vor, jemand möchte Klavier spielen lernen. Er setzt sich zum ersten Mal ans Instrument, drückt ein paar Tasten – und es klingt, ehrlich gesagt, eher chaotisch als musikalisch. Nun könnte er schnell frustriert aufstehen und behaupten: „Klavierspielen funktioniert einfach nicht." Doch wir wissen, dass das Problem nicht das Klavier ist, sondern die Tatsache, dass man Zeit und Übung braucht, um dieses komplexe Instrument wirklich zu beherrschen.

Mit Submodalitätentechniken verhält es sich ganz ähnlich. Am Anfang kann es schwierig sein, die gewünschten Ergebnisse zu erzielen – vielleicht, weil das notwendige Bewusstsein, die Übung oder das Verständnis für die Technik noch fehlen. Für einen Anfänger, der gerade erst die Grundlagen kennenlernt, können die Veränderungen vielleicht unspektakulär wirken oder gar ausbleiben. Genau wie beim Klavierspielen braucht es eine gewisse innere Entwicklung, Geduld und regelmäßiges Training, um mit der Zeit die feinen Nuancen und Wirkungen der Submodalitäten zu beherrschen.

Stellen Sie sich vor, Submodalitätentechniken sind wie das Lernen, eine komplexe Melodie auf dem Klavier zu spielen: Am Anfang kommen vielleicht nur ein paar Töne heraus, und das Ganze klingt noch nicht wie das, was man sich erhofft hatte. Doch je mehr Übung und Bewusstsein in die Technik investiert werden, desto klarer und harmonischer wird die innere "Melodie" – das heißt, die gewünschten Veränderungen und Ergebnisse stellen sich allmählich ein.

Der Lernprozess ist hier entscheidend. Genauso wie jemand, der Klavier spielen lernen will, geduldig die Tasten immer wieder anschlägt, sollte auch jemand, der mit Submodalitätentechniken arbeitet, nicht sofort aufgeben, sondern den Entwicklungsprozess akzeptieren und immer weiter üben. Mit der Zeit und der richtigen inneren Einstellung können beide – der Klavierspieler und der Anwender der Submodalitäten – erstaunliche Ergebnisse erzielen.

Eigenerfahrung

Eine der kraftvollsten und tiefgreifendsten Erfahrungen, die ich im NLP gemacht habe, war die Arbeit mit Submodalitäten. Diese Technik hat mir eine völlig neue Perspektive auf meine innere Welt eröffnet. Als mir bewusst wurde, dass mein dominierendes Repräsentationssystem – also dasjenige, über das ich die meisten meiner Erlebnisse verarbeite – visuell (V) ist, begann ich zu verstehen, warum ich mich in bestimmten Situationen schlecht fühlte. Es stellte sich heraus, dass mein Verstand eine Vielzahl innerer Bilder (Vi) produzierte, die oft negative Emotionen auslösten, ohne dass ich es direkt bemerkt hatte. Diese inneren Bilder waren wie unsichtbare Filme, die in meinem Kopf abliefen und starke emotionale Reaktionen in mir hervorriefen, sei es Angst, Stress oder Unbehagen.

Das Erstaunliche war, dass ich durch NLP-Techniken lernte, diese inneren Bilder bewusst wahrzunehmen und zu verändern. Ich entdeckte, dass es zwei „Bildschirme" in meinem Erleben gab: Bildschirm 1 repräsentierte meine äußere Wahrnehmung, also das, was ich direkt mit meinen Sinnen in der Außenwelt erlebte. Auf diesem Bildschirm konnte ich die Realität nicht beeinflussen – es war, was es war. Bildschirm 2 jedoch stellte die innere visuelle Ebene dar, in der meine Gedanken, Erinnerungen und Vorstellungen lebten. Dieser innere Bildschirm war der Ort, an dem die Submodalitäten – die kleineren Bausteine, aus denen unsere Sinneswahrnehmungen bestehen – eine Rolle spielten, und hier konnte ich aktiv Einfluss nehmen.

Immer dann, wenn ich bemerkte, dass sich auf Bildschirm 2 ein innerer „Horrorfilm" abspielte, also eine negative Vorstellung oder Erinnerung, die mich emotional belastete, nutzte ich die Macht der Submodalitäten. Ich stellte mir vor, wie ich diesen inneren Bildschirm über Bildschirm 1 legte, sodass meine innere Wahrnehmung sich über die äußere legte. Die Bedeutung des Wortes „Vorstellung" half mir dabei, den Mechanismus zu verstehen: Die Vorstellung ist etwas, das vor mir steht, ein Bild, das sich in meinem Kopf abspielt. Dieses Bild musste ich bewusst beeinflussen.

Indem ich das Bild transparent machte, nahm ich ihm allmählich seine Intensität und Wirkung. Das Bild verblasste, löste sich nach und nach auf, und schließlich blieb nur noch Bildschirm 1 – die äußere Wahrnehmung – übrig. In diesem Moment konnte ich mich wieder voll und ganz auf das Hier und Jetzt konzentrieren. Die negativen Emotionen, die durch den inneren „Horrorfilm" ausgelöst

90

wurden, verschwanden, und ich fühlte mich ruhiger und präsenter. Dieser Prozess war unglaublich befreiend, denn ich erkannte, dass ich nicht den negativen inneren Bildern ausgeliefert war. Ich hatte die Fähigkeit, diese inneren Filme zu verändern, sie kleiner zu machen, sie weiter weg zu schieben oder sie sogar vollständig aufzulösen. Es war ein Werkzeug, das mir half, bewusster und selbstbestimmter mit meinen Emotionen umzugehen.

Was mich besonders faszinierte, war die Erkenntnis, dass jeder Mensch seine eigene Art entwickeln kann, die Submodalitäten zu steuern. Es gibt kein festes Rezept – jeder von uns hat seine eigene Art, die Welt wahrzunehmen und darauf zu reagieren. Manche Menschen arbeiten vielleicht besser mit auditiven Submodalitäten, indem sie die Lautstärke einer inneren Stimme verändern, während andere ihre kinästhetischen (fühlbaren) Empfindungen regulieren, indem sie die Intensität eines inneren Drucks oder einer Berührung anpassen. Für mich war es die visuelle Ebene, auf der ich die größten Veränderungen erleben konnte.

Diese Techniken ermöglichen es uns, die Kontrolle über unsere inneren Prozesse zurückzugewinnen. Anstatt von negativen Bildern und Vorstellungen überwältigt zu werden, können wir sie transformieren und bewusst gestalten. Das hat nicht nur meinen emotionalen Zustand verbessert, sondern mir auch geholfen, in stressigen oder schwierigen Situationen klarer zu denken und handlungsfähig zu bleiben.

Insgesamt ist die Arbeit mit Submodalitäten ein unglaublich mächtiges Werkzeug, das uns zeigt, dass wir die Schöpfer unserer inneren Welt sind. Wir müssen nicht passiv auf unsere Gedanken und Gefühle reagieren – wir können aktiv eingreifen und diese verändern, um ein erfüllteres, ausgeglicheneres Leben zu führen.

Anker

Das Konzept des Ankerns im NLP hat seine Wurzeln in psychologischen Prinzipien der klassischen Konditionierung und geht davon aus, dass bestimmte Reize automatisch spezifische Reaktionen hervorrufen können. Im NLP bedeutet Ankern, dass durch bestimmte Stimuli (wie Berührungen, Worte oder Bilder) gezielt emotionale oder mentale Zustände aktiviert werden können. Hier ist ein tieferer Blick auf die wissenschaftlichen und theoretischen Grundlagen sowie die Kritikpunkte rund um das Konzept des Ankerns.

1. Theoretische Grundlagen: Klassische und Operante Konditionierung

Das Prinzip des Ankerns im NLP baut stark auf den Grundlagen der klassischen Konditionierung auf, die erstmals von Iwan Pawlow untersucht wurde. Bei der klassischen Konditionierung wurde gezeigt, dass ein neutraler Reiz (z. B. ein Glockenton) mit einem bedingten Reiz (z. B. Futter) so kombiniert werden kann, dass der neutrale Reiz alleine eine konditionierte Reaktion (z. B. Speichelfluss bei Hunden) auslöst.

Ähnlich geht es im NLP darum, Reize mit bestimmten inneren Zuständen zu verknüpfen. Wenn ein bestimmter Reiz (z. B. eine Berührung an einer bestimmten Stelle des Körpers) wiederholt mit einem bestimmten emotionalen Zustand (z. B. Freude oder Selbstvertrauen) gekoppelt wird, so wird angenommen, dass dieser Zustand später durch das erneute Setzen des Ankers (die gleiche Berührung) wieder hervorgerufen werden kann.

2. Die Rolle des Gedächtnisses und der Assoziation

Eine wichtige Rolle spielt auch die Gedächtnispsychologie und die Theorie der Assoziation. Laut diesen Theorien verknüpft unser Gehirn Erlebnisse und

Reize miteinander und kann daher Zustände, Gedanken und Gefühle reaktivieren, die ursprünglich mit einem bestimmten Reiz assoziiert wurden. Dies ähnelt dem NLP-Konzept des Ankerns, da eine bewusst aufgebaute Reiz-Reaktions-Verbindung in den Assoziationsstrukturen des Gehirns verankert werden soll, sodass der Zustand bei späterem Auslösen des Reizes erneut aktiviert wird.

3. Neurowissenschaftliche Überlegungen: Neuronale Plastizität und Synapsenbildung

Neurowissenschaftlich lässt sich das Konzept des Ankerns durch die Theorie der neuronalen Plastizität unterstützen, also der Fähigkeit des Gehirns, seine Verbindungen und Strukturen aufgrund von Erfahrungen zu verändern. Wenn zwei Erlebnisse wiederholt zusammen auftreten, kann dies die synaptische Verbindung zwischen den beteiligten Neuronen verstärken, wodurch sich Assoziationen auf neurologischer Ebene festigen.

4. Wissenschaftliche Forschung und Empirie

Obwohl das Ankern auf Prinzipien der klassischen Konditionierung aufbaut, gibt es nur wenige wissenschaftliche Studien, die speziell NLP-Anker und deren Wirksamkeit empirisch untersucht haben. Studien, die sich mit Ankern beschäftigen, wurden oft in Kontexten durchgeführt, die sich vom NLP unterscheiden, wie z. B. in der Psychotherapie oder im Kontext des Lernens und der Verhaltenstherapie. Diese Studien zeigen, dass Verknüpfungen zwischen Reizen und Reaktionen grundsätzlich möglich sind, insbesondere in konditionierten Lernumgebungen.

5. Kontroverse Meinungen und Kritik

In der wissenschaftlichen Gemeinschaft ist NLP und insbesondere das Ankern ein umstrittenes Thema. Kritikpunkte umfassen:

• Mangel an empirischer Validität: Wissenschaftler kritisieren, dass NLP-Anker in kontrollierten Studien nicht zuverlässig nachgewiesen werden konnten. Während klassische Konditionierung klar belegt ist, bleibt die spezifische NLP-Technik des Ankerns empirisch unzureichend unterstützt.
• Verallgemeinerung des Konditionierungsprinzips: Kritiker bemängeln, dass NLP das Konzept der Konditionierung vereinfacht und zu sehr verallgemeinert, ohne die Komplexität des menschlichen Gehirns und der neuronalen Netzwerke zu berücksichtigen. NLP-Anker gehen davon aus, dass jeder emotionale Zustand durch einen simplen Reiz reaktiviert werden kann, was in der Realität komplexer ist, da menschliche Emotionen oft von multiplen Faktoren beeinflusst werden.
• Subjektive und suggestive Natur der NLP-Anker: Einige Wissenschaftler argumentieren, dass NLP-Anker nicht nur auf Konditionierung basieren, sondern stark von subjektiven Erwartungen und Suggestionen abhängen. Es wird angenommen, dass die Wirkung eines Ankers oft auf die Erwartung zurückzuführen ist, dass dieser funktioniert, was auf suggestive Prozesse hindeutet.
• Fehlende Konsistenz und Standardisierung: NLP-Anker werden oft individuell und intuitiv gesetzt, was zu einer mangelnden Konsistenz und Standardisierung führt. Wissenschaftliche Ansätze erfordern klar definierte und systematische Protokolle, die bei NLP-Ankern meist fehlen. Daher ist es schwierig, die Ergebnisse zu reproduzieren und objektiv zu messen.

6. Vergleich zu anderen therapeutischen Ansätzen

In der Psychotherapie gibt es ähnliche Ansätze, die Assoziationen zwischen Zuständen und Reizen nutzen, beispielsweise in der Verhaltenstherapie oder bei Entspannungstechniken. Dort werden jedoch oft langfristige, strukturierte Konditionierungsprozesse genutzt, während NLP-Anker schnelle und direkte Effekte versprechen. Wissenschaftler argumentieren, dass eine nachhaltige Veränderung in der Psychologie oft durch wiederholte und bewusste Praxis erfolgt und nicht durch einmaliges Setzen eines Ankers.

7. Fazit: Wissenschaftlicher Stand zum NLP-Ankern

Zusammengefasst basiert das NLP-Ankern auf Prinzipien der klassischen Konditionierung und der Assoziationspsychologie und wird teilweise durch neurowissenschaftliche Erkenntnisse zur neuronalen Plastizität unterstützt:

Beispielsweise beschreibt eine Studie einen neurowissenschaftlichen Versuch, bei dem die Reaktion einzelner Gehirnzellen auf verschiedene externe Stimuli gemessen wurde. Mithilfe von Mikroelektroden wurden die Reaktionsmuster einer spezifischen Gehirnzelle auf verschiedene Stimuli, wie Lichtblitze, Töne oder Berührungen, aufgezeichnet:

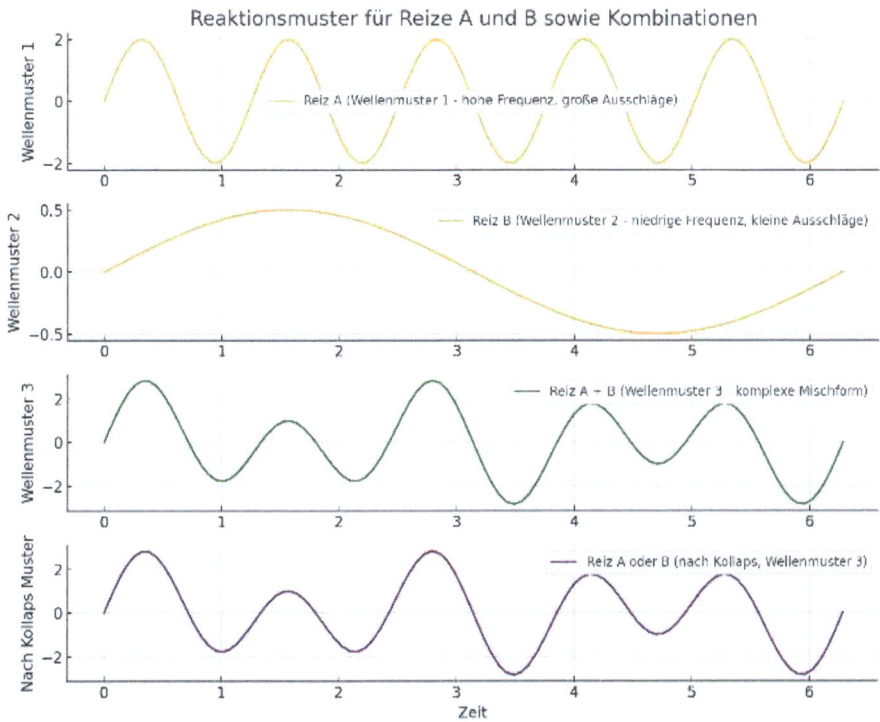

Zusammenfassung der Studie

1. Einzelreize und Reaktionsmuster: Zunächst wurden einzelne Reize (A und B) präsentiert, wobei jeder Reiz ein spezifisches neuronales Aktivitätsmuster hervorrief. Diese Aktivitätsmuster wurden in der Form von Wellen dargestellt:
• Reiz A führt zu einem Reaktionsmuster (Welle 1).
• Reiz B führt zu einem anderen Reaktionsmuster (Welle 2).
2. Kombinierte Reize: Anschließend wurden beide Reize gleichzeitig präsentiert (A + B). Die kombinierte Präsentation der Reize führte zu einem dritten,

neuen Reaktionsmuster (Welle 3), das eine Mischung oder Kombination der Reaktionen auf die beiden Einzelreize darstellte. Diese Reaktion zeigt eine Art Integration beider Aktivitätsmuster, was darauf hinweist, dass das Gehirn auf kombinierte Reize anders reagiert als auf isolierte.

3. Veränderung bei wiederholter Präsentation: Interessanterweise zeigte die Gehirnzelle die gleiche veränderte Reaktion, wenn die beiden Reize abwechselnd statt gleichzeitig präsentiert wurden (A oder B). Auch hier wurde das neues Reaktionsmuster (Welle 3) erzeugt.

Diese Ergebnisse lassen darauf schließen, dass das Gehirn flexibel auf kombinierte oder abwechselnde Reize reagiert und neue Reaktionsmuster bilden kann. Diese Fähigkeit zur Anpassung und Kombination neuronaler Aktivitätsmuster wird als ein grundlegender Mechanismus der neuronalen Plastizität und Reizkonditionierung angesehen.

Grafik

Hier ist eine vereinfachte Darstellung der in der Studie beschriebenen Wellenmuster:

A   -> Wellenmuster 1
B   -> Wellenmuster 2
A + B   -> Wellenmuster 3 (Kombination von 1 und 2)
A oder B -> Wellenmuster3

Bedeutung für das NLP und Collapsing Anchors

Die dargestellten Ergebnisse werden im Kontext von NLP und dem Collapsing Anchors-Prozess herangezogen, da beide Ansätze auf der Idee basieren, dass das Gehirn Reize kombinieren und neue Reaktionen hervorrufen kann.

1. Unterschied zwischen klassischer Konditionierung und NLP-Ankern

Wenn ein Anker sitzt, dann wirkt er. Wenn ich z. B. mit der Futterdose klappere, steht meine Katze wie aus dem Nichts kommend neben mir. Das Beispiel basiert auf klassischer Konditionierung, wie sie von Iwan Pawlow erstmals beschrieben wurde. In der klassischen Konditionierung wird ein neutraler Reiz (z. B. das Klappern der Dose) wiederholt mit einem biologisch bedeutsamen Reiz (z. B. Futter) gepaart, bis der neutrale Reiz alleine die Reaktion auslöst. Dies ist ein gut erforschtes Phänomen und in der Wissenschaft unbestritten.

NLP-Anker hingegen beanspruchen oft eine andere Art von Wirkung. Im NLP wird häufig angenommen, dass man durch gezielte Setzung eines Ankers – also durch eine einzige oder wenige Wiederholungen eines Reizes – sofort einen emotionalen oder mentalen Zustand verankern kann, ohne die intensive und wiederholte Kopplung, die in der klassischen Konditionierung notwendig ist. Zudem wird oft behauptet, dass dieser Zustand jederzeit abrufbar bleibt, was wissenschaftlich schwerer nachzuweisen ist, vor allem für komplexe emotionale Zustände.

2. Komplexität der emotionalen und mentalen Zustände im NLP

Während einfache Reaktionen (wie das Herbeilaufen der Katze) leicht konditioniert werden können, ist es in der Praxis schwieriger, komplexe emotionale oder kognitive Zustände – wie Selbstvertrauen, Ruhe oder Freude – durch einen simplen Anker auf Abruf verfügbar zu machen. Emotionen und mentale Zustände sind oft das Ergebnis eines Zusammenspiels vieler Faktoren, und das menschliche Gehirn verarbeitet solche Zustände auf eine weitaus komplexere Weise, als es bei simplen Verhaltensweisen der Fall ist.

3. Unterschiedliche Methodologie und mangelnde Reproduzierbarkeit

Die Wissenschaft hat spezifische Anforderungen an die Reproduzierbarkeit und methodische Strenge, die NLP oft nicht erfüllt. In experimentellen Studien, bei denen NLP-Techniken getestet wurden, gab es häufig keine konsistenten und reproduzierbaren Ergebnisse. Dies bedeutet, dass ein NLP-Anker, der einmal zu funktionieren scheint, nicht unbedingt in allen Kontexten und bei allen Personen gleichermaßen funktioniert, wie es bei der klassischen Konditionierung der Fall ist. Wissenschaftler kritisieren oft, dass NLP-Anker nicht systematisch genug erforscht und daher nicht so zuverlässig sind wie klassische konditionierte Reaktionen.

4. Suggestibilität und Erwartungseffekte

In der wissenschaftlichen Diskussion wird oft vermutet, dass NLP-Anker teilweise auf Suggestibilität und Erwartungseffekten beruhen. Wenn jemand erwartet, dass ein Anker eine bestimmte Wirkung haben wird, kann diese Erwartung selbst eine gewisse Wirkung entfalten (ähnlich wie beim Placebo-Effekt). Die Wissenschaft legt jedoch Wert darauf, zwischen tatsächlich konditionierten Reaktionen und solchen Effekten zu unterscheiden, die nur durch Erwartungshaltung oder Suggestion hervorgerufen werden. In kontrollierten Studien sind NLP-Anker oft weniger effektiv, wenn Suggestibilität und Erwartungseffekte minimiert werden.

5. Kritische Punkte bei der Übertragbarkeit auf therapeutische Anwendungen

Im Alltag und bei einfachen Verhaltensweisen (wie das Beispiel mit der Katze) lässt sich das Konzept des Ankerns gut beobachten und ist intuitiv nachvollziehbar. In der Therapie jedoch beansprucht NLP, Anker zu setzen, um tiefgreifende emotionale oder psychologische Zustände zu beeinflussen. Wissenschaftler und Therapeuten sehen hier jedoch das Problem, dass NLP-Anker in der Regel nicht die gleiche langfristige und konsistente Wirkung zeigen wie etablierte therapeutische Techniken, die auf fundierten Methoden wie der kognitiven Verhaltenstherapie basieren. Bei tiefgehenden emotionalen oder mentalen Themen ist das menschliche Gehirn komplexer und weniger leicht „ankersensibel" als bei einfachen, alltäglichen Reaktionen.

Zusammenfassung

Es ist nicht das Grundprinzip des Ankerns oder der Konditionierung, das wissenschaftlich angezweifelt wird. Es gibt keinen Zweifel daran, dass Reiz-Reaktions-Verknüpfungen existieren und alltäglich sind. Die Skepsis richtet sich speziell gegen die Ansprüche des NLP-Ankerns, das oft schnelle und tiefgreifende emotionale Veränderungen verspricht, die durch einfache und einmalige Ankerprozesse erzielt werden sollen. In der Wissenschaft gelten NLP-Techniken als empirisch unzureichend untersucht und methodisch schwer reproduzierbar, insbesondere wenn es um die Wirkung auf komplexe, langfristige emotionale oder psychologische Zustände geht.

Die Methode funktioniert also für einfache, konditionierte Reaktionen wie die Reaktion meiner Katze sehr gut und ist wissenschaftlich anerkannt. Bei komplexen emotionalen und mentalen Zuständen, wie sie das NLP oft anstrebt, wird jedoch mehr wissenschaftliche Evidenz und methodische Klarheit gefordert, um NLP-Anker als verlässliches therapeutisches Instrument anzuerkennen.

Insgesamt wird das Ankern im NLP daher eher als praktische Methode inner-halb der NLP-Community geschätzt, bleibt jedoch außerhalb des NLP in der wissenschaftlichen Gemeinschaft ein Thema kontroverser Diskussionen.

Die Sprache als komplexes Ankersystem

Die Sprache ist das allgemeinste Ankersystem, das wir haben. Die geschriebenen Worte „Katze", „Wärme" und „Liebe" sind visuelle Anker für innere Repräsentationen. Um dem Symbol „Katze" einen Sinn zu geben, mußt Du Erfahrungen der Vergangenheit auslösen:

$$V_d \rightarrow [A^{er}_t , \quad V^{er} , \quad K^{er} , \quad O^{er}]$$

„Katze" Miauen, Bild, Gefühl des Fells, Geruch

Die Buchstabenfolge „Katze" ankert einen bestimmten Set von Repräsentationen. Wenn wir den Stimulus ändern oder ihm etwas hinzufügen, können wir auch die geankerten Repräsentationen verändern. Wenn wir z. B. „nasse Katze" oder „gefleckte Katze" niederschreiben würden, dann würden andere geankerten Repräsentationen ausgelöst. Einige Anker evozieren nicht in allen Sinnessystemen Repräsentationen. Dies ist abhängig von der Art des Ankers und vom Zustand des Individuums. Sätze wie: „Sieh Dir das an" oder „ Dies wird Dir Schauer über den Rücken jagen" oder „Seine Stimme klang so verlegen" appellieren an verschiedene Repräsentationssysteme. In den entsprechenden Repräsentationssystemen werden sie ausgiebiger Repräsentationen ankern als in anderen.

Bei dem Satz: „Ich habe eine Katze und einen Hund, die ein Herz und eine Seele sind," werden sukzessive die einzelnen Wortanker ausgelöst. Daraus ergibt sich dann ein konstruierter innerer Film. „Äußere" Dinge kann man sehen, hören, anfassen, schmecken, riechen. Auf die gleiche Art und Weise bekommen innere Befindlichkeiten wie „Herz und Seele" ihre geankerte Bedeutung. Ebenso Verben, Adjektive, Präpositionen. Wie ist das mit Fragen? Wenn ich Dich frage: „Was hast Du heute Mittag gegessen?", wird ein Erinnerungsfilm von Deinem Mittagessen in Dir ausgelöst. Bei Deiner Antwort triggert dieser dann die entsprechenden Sätze.

Für Sprache ergibt sich somit folgende Wechselwirkung:

$$A^{ei}_d \iff [A^{ei}_t , \quad V^{ei} , \quad K^{ei} , \quad O^{ei} , \quad G^{ei}]$$

„Sekundäre" Erfahrungen (Wörter, Sätze) sind Anker für **„primäre"** Sinnesrepräsentationen und umgekehrt, denn diese ankern wiederum in Form von Kommentaren, Fragen u.a. Wörter und Sätze. Der Mensch ist das einzige Säugetier, das dieses Wechselspiel gelernt hat, was ihn an die Spitze der Evolution katapultiert hat.

Innerer Dialog A^i_d: „Denken ist das Gespräch der Seele mit sich selbst." (Aristoteles) Der Mensch ist ein Amphibium, das in einer Mischwelt von Außenwelt [VAKOG]^e und Innenwelt [VAKOG]^i lebt, die von seinem inneren Dialog generiert wird. Wie oft ist man tief in Gedanken versunken? Und hier wird auch die überwiegende Mehrzahl unserer Emotionen ausgelöst, indem wir mit uns selbst sprechen. Das obengenannte Wechselspiel zwischen Sprache und primären Sinneserfahrungen findet fast ununterbrochen statt: Ankerketten, die in Form von Assoziationen unablässig ablaufen: „Cogito ergo sum!"

Eigenerfahrung

o Die Wechselwirkung zwischen Sprache und Sinneserfahrungen: Eine persönliche Reflexion
Stell dir vor, du liest das Wort Katze. Was geschieht in dir?
Vielleicht taucht vor deinem inneren Auge das Bild einer
Katze auf – du siehst ein flauschiges Fell, hörst ein leises
Schnurren, erinnerst dich an das Gefühl, wie du vielleicht
schon einmal eine Katze gestreichelt hast, oder riechst den
leicht erdigen Duft eines Haustieres. All diese Eindrücke sind
Beispiele dafür, wie Sprache als Ankersystem funktioniert:
Ein einziges Wort kann in deinem Gehirn eine ganze Kaskade
von Erinnerungen und Sinneseindrücken aktivieren.
Diese Erfahrung ist nicht zufällig – sie zeigt das Zusammenspiel von primären Sinneserfahrungen und sekundären Erlebnissen, wie Sprache und Gedanken. Im Alltag bewegen wir
uns oft unbewusst zwischen diesen beiden Ebenen hin und

her. In dieser Reflexion möchte ich verdeutlichen, wie wir dieses Wechselspiel besser verstehen und beeinflussen können.

Sprache als Anker für innere Filme

Die Wörter, die wir verwenden, sind mehr als nur Symbole. Sie verankern bestimmte innere Repräsentationen. Wenn du etwa „warme Sonne" hörst, entsteht vielleicht die Erinnerung an einen Sommertag: Du siehst das Lichtspiel auf den Blättern, fühlst die Hitze auf der Haut und riechst vielleicht frisch gemähtes Gras. Sobald wir aber das Wort „nasse Katze" hinzufügen, verändert sich die innere Landschaft. Ein ganz anderes Bild entsteht – vielleicht denkst du an das Chaos, das entsteht, wenn eine Katze ins Wasser fällt, oder spürst den Unmut eines unglücklichen Haustiers.

Mit jeder neuen Information fügen wir den bestehenden Ankern weitere Details hinzu und schaffen ein immer komplexeres inneres Bild. Sprache ist wie ein Werkzeugkasten voller Auslöser, die uns in unterschiedliche emotionale und sensorische Zustände versetzen können. Dies erklärt, warum ein Satz wie „Schau dir das an!" oder „Das wird dir einen Schauer über den Rücken jagen" unterschiedliche Assoziationen und Körperempfindungen in uns weckt: Wörter sprechen verschiedene Sinne an.

Beispiel: Fragen und Erinnerungen

Fragen sind besonders mächtige Auslöser für innere Filme. Wenn ich dich frage: „Wo hast du heute Mittag gegessen?", geschieht etwas Interessantes. Sofort beginnt dein Gehirn, das passende Gedächtnismaterial herauszusuchen: Du erinnerst dich vielleicht an den Ort, das Essen, den Geschmack, die

Gespräche – vielleicht sogar an die Geräusche im Hintergrund. Diese sekundäre Erfahrung (die Erinnerung und deine Antwort darauf) greift also auf eine Vielzahl von primären Sinneserfahrungen zu.

Das Wechselspiel geht aber noch weiter: Während du mir antwortest, verwendest du Sprache, die bei mir wiederum innere Bilder auslösen kann. So wird eine Kette von Assoziationen erzeugt – fast wie ein Pingpong-Spiel zwischen unserem Denken und unserer Wahrnehmung.

Der Mensch als Amphibium der Innen- und Außenwelt
Eine faszinierende Erkenntnis dabei ist, dass der Mensch zwischen zwei Welten lebt: der äußeren Welt, die wir durch unsere Sinne wahrnehmen, und der inneren Welt, die durch Gedanken, Sprache und Gefühle entsteht. Diese Mischung macht uns einzigartig. Kein anderes Lebewesen hat sich diese komplexe Art des inneren Dialogs so zu eigen gemacht wie wir Menschen.

Hast du schon einmal erlebt, dass du so tief in Gedanken versunken warst, dass die Außenwelt für einen Moment verschwand? Du gehst vielleicht spazieren, hörst zwar die Vögel zwitschern, nimmst sie aber kaum wahr, weil du innerlich ein Gespräch mit dir selbst führst – über eine Entscheidung, die ansteht, oder einen Streit, den du mit jemandem hattest. In diesen Momenten lebt dein Bewusstsein hauptsächlich in der Innenwelt, und dein innerer Dialog prägt stark deine Stimmung und Wahrnehmung.

Wenn Gedanken laut werden: Der LKW-Effekt

Ein interessantes Phänomen tritt auf, wenn wir bewusst beginnen, unseren inneren Dialog zu beobachten. Manchmal fühlt es sich an, als würden Gedanken plötzlich lauter und intensiver erscheinen. Ein Gedanke, der normalerweise beiläufig vorbeihuscht, wird plötzlich so klar, als wäre er ein „LKW, der dir durch den Kopf fährt". Genau das passiert, wenn man mit einem bestimmten NLP-Format arbeitet, das auf die Beobachtung des inneren Dialogs abzielt.

Durch diese bewusste Achtsamkeit verlangsamt sich das sonst unbewusste Wechselspiel zwischen Sprache und Sinneswahrnehmungen. Ein Gedanke, der vorher automatisch eine Emotion ausgelöst hat, verliert seine Macht. Plötzlich wirken Gedanken wie bloße Sätze ohne Bedeutung – sie verankern nicht mehr automatisch innere Filme und Emotionen.

Gedankenleere: Ein tiefer, kausaler Zustand

Wenn diese Dynamik noch weiter verlangsamt wird, geschieht etwas Überraschendes: Der innere Dialog verstummt. Das Gedankenkarussell, das uns oft den ganzen Tag beschäftigt, kommt zum Stillstand. Dieser Moment

der Gedankenleere kann ein unglaublich befreiendes Gefühl sein – als ob man für kurze Zeit aus dem Fluss der ständigen Assoziationen aussteigt.

Dieser Zustand hält manchmal sogar an, nachdem man die Übung abgeschlossen hat. Man fühlt sich ruhig, klar und fokussiert, weil das Wechselspiel zwischen Gedanken und Emotionen für einen Moment keine Rolle mehr spielt.

Fazit: Die bewusste Gestaltung unserer inneren Welt

Die bewusste Beobachtung unseres inneren Dialogs eröffnet einen neuen Zugang zu unseren Emotionen und Erfahrungen. Indem wir lernen, das Zusammenspiel von Sprache und Wahrnehmung zu verstehen, können wir bewusster mit unseren Gedanken umgehen. Die Meditationsanleitung die ich unten beschreibe, hilft dabei, diesen Prozess zu verlangsamen und bewusster zu gestalten.

Am Ende bleibt die Erkenntnis, dass der Mensch in einer Mischwelt lebt – in einem ständigen Wechsel zwischen der Wahrnehmung der Außenwelt und den Konstruktionen seiner Innenwelt. Und genau in diesem Wechselspiel liegt unsere Freiheit: Indem wir die Ankerketten unserer Gedanken und Sprache erkennen, können wir bewusst Einfluss auf unser Erleben nehmen.

Meditationsanleitung: Das Wechselspiel von Sprache und Sinneswahrnehmung beobachten

Diese Meditation hilft dir, das Zusammenspiel von Gedanken, Sprache und Sinneserfahrungen bewusst wahrzunehmen. Ziel ist es, durch gezielte Selbstbeobachtung den inneren Dialog zu beruhigen und in einen Zustand von Klarheit und innerem Frieden zu gelangen.

Schritt 1: Vorbereitung (2–3 Minuten)

• Setze dich bequem aufrecht hin (auf einen Stuhl oder im Schneidersitz).

• Schließe deine Augen und atme ruhig und gleichmäßig.

• Lenke deine Aufmerksamkeit für einige Atemzüge auf deinen Körper: Spüre, wie die Luft ein- und ausströmt, und nimm die Sitzunterlage bewusst wahr. Lass alles andere für den Moment los.

Schritt 2: Den inneren Dialog wahrnehmen (5 Minuten)

• Lass deinen Gedanken freien Lauf. Beobachte, welche Gedanken und inneren Gespräche in dir aufsteigen, ohne sie zu bewerten oder zu beeinflussen.

• Stelle dir vor, du bist ein Zuschauer: Achte darauf, wie einzelne Wörter oder Sätze entstehen. Gibt es bestimmte Worte, die wiederholt auftauchen?
• Frage dich bei jedem Gedanken: „Welche Sinneswahrnehmung löst dieser Gedanke aus?"
• Beispiel: Wenn der Gedanke „Ich habe Hunger" kommt, taucht vielleicht das Bild eines Essens auf, oder du spürst ein leichtes Ziehen im Magen.
Ziel ist es, zu erkennen, wie Sprache (Gedanken) Sinneseindrücke anstößt – und umgekehrt. Lass diesen Prozess geschehen, ohne dich darin zu verstricken.
Schritt 3: Veränderungen der Anker bewusst machen (5 Minuten)
• Verändere nun aktiv die Sprache deiner Gedanken.
• Denke an einen Satz, z. B. „Es regnet draußen."
• Erweitere den Satz oder verändere ihn: „Es regnet sanft auf bunte Blumen."
• Beobachte, wie die Veränderung des Satzes neue innere Bilder oder Empfindungen auslöst. Tauchen neue Farben, Geräusche oder Gefühle auf?
Durch diese Übung merkst du, wie Wörter innere Bilder und Emotionen steuern. Erkenne: Sprache und Gedanken sind wie Werkzeuge, die Sinneserfahrungen formen – aber du bist derjenige, der sie lenkt.
Schritt 4: Den Gedankenfluss verlangsamen (5–10 Minuten)
• Lenke nun deine Aufmerksamkeit vollständig auf den nächsten Gedanken, der auftaucht.
• Lass ihn wie eine Wolke ziehen. Folge ihm nicht – beobachte nur, dass er da war und jetzt wieder verschwindet.
• Wenn neue Gedanken kommen, beobachte auch sie, als würden sie langsam vorbeifahren – wie ein LKW, der durch

deinen Kopf rollt.

Während du das tust, werden die Gedanken langsamer und weniger bedeutungsvoll. Lass dich von dieser Stille überraschen.

Schritt 5: Gedanken verstummen lassen (5 Minuten)

• Stelle dir eine innere Frage, zum Beispiel: „Was ist mein nächster Gedanke?"

• Warte auf eine Antwort – aber ohne Druck. Oft wird gar kein Gedanke kommen. Beobachte, was in der Leere auftaucht.

• Spüre, wie sich in dieser Leere ein Gefühl von Ruhe und Klarheit ausbreitet.

Wenn Gedanken wieder auftauchen, lasse sie ziehen. Du musst nichts ändern oder kontrollieren – erkenne nur, dass du zwischen Gedanken und Stille hin- und herwechseln kannst.

Schritt 6: Abschluss und Integration (2–3 Minuten)

• Bringe deine Aufmerksamkeit langsam zurück zum Atem. Spüre, wie sich dein Körper anfühlt.

• Öffne deine Augen und bleibe noch kurz in Stille sitzen. Nimm wahr, wie ruhig dein innerer Dialog geworden ist.

Kurze Zusammenfassung (Meditationsalgorithmus)

1. Setze dich bequem hin und schließe die Augen.

2. Beobachte deinen inneren Dialog, ohne ihn zu bewerten. Welche Gedanken tauchen auf? Welche Sinneseindrücke lösen sie aus?

3. Verändere aktiv Gedanken oder Sätze, um neue Assoziationen und innere Bilder zu beobachten.

4. Verfolge die Gedanken langsam, ohne ihnen zu folgen. Lasse sie wie Wolken oder vorbeifahrende LKWs ziehen.

5. Warte auf die Stille, wenn Gedanken nachlassen. Frage dich: „Was ist mein nächster Gedanke?"

6. Beende die Meditation, indem du zum Atem zurückkehrst
und dich wieder auf die Außenwelt einstellst.
Diese Meditation hilft dir, das Wechselspiel von Gedanken
und Wahrnehmungen bewusst zu beobachten und den inneren
Dialog zu beruhigen. Mit der Zeit wirst du feststellen, dass
Gedanken ihre emotionale Macht verlieren und du häufiger in
einen Zustand von Ruhe und Klarheit eintreten kannst.

Das Meta-Modell im NLP hat eine enge Verbindung zu der Idee, dass Sprache
ein komplexes Ankersystem ist und dass es im Sprachverständnis zwischen primärer Wahrnehmung und sekundärer Wahrnehmung unterscheidet.
Um dies zu verstehen, muss man sich genauer ansehen, wie Sprache als Anker
funktioniert, was primäre und sekundäre Wahrnehmung bedeuten und wie das
Meta-Modell verwendet wird, um die Bedeutungen und Muster in der Sprache
zu erfassen und bewusst zu machen.

1. Sprache als komplexes Ankersystem

Im NLP wird Sprache als ein Ankersystem betrachtet, weil Worte und sprachliche Ausdrücke spezifische emotionale Zustände, Gedankenmuster und Erfahrungen in uns auslösen können. Jedes Wort oder jede sprachliche Äußerung
„verankert" in gewisser Weise eine bestimmte Bedeutung oder Reaktion, die
auf unseren individuellen Erfahrungen basiert. Wenn wir bestimmte Worte
hören oder sprechen, aktivieren wir automatisch Erinnerungen, Emotionen und
gedankliche Verknüpfungen, die mit diesen Worten assoziiert sind.

Beispiel:

• Wenn jemand das Wort „Urlaub" hört, könnten damit positive Assoziationen
wie Entspannung, Freude und Abenteuer verbunden sein.

• Ein anderes Wort, wie „Pflicht", könnte dagegen stressvolle oder einschränkende Gefühle hervorrufen.

Diese emotionalen und gedanklichen Reaktionen auf Worte und Sprache funktionieren wie Anker und sind oft unbewusst. Sprache kann also tief verankerte Muster und Reaktionen hervorrufen, die uns beeinflussen, ohne dass wir es merken.

2. Primäre und sekundäre Wahrnehmung

• Primäre Wahrnehmung bezieht sich auf die direkte, unmittelbare Erfahrung der Welt durch unsere fünf Sinne: Sehen, Hören, Fühlen, Riechen und Schmecken. Es ist die Wahrnehmung, die wir haben, bevor sie in Sprache gefasst wird, also die „rohe" Erfahrung.
• Sekundäre Wahrnehmung hingegen ist die Art und Weise, wie wir diese primären Erfahrungen durch Sprache, Gedanken und Interpretationen repräsentieren. Sprache transformiert die primäre Wahrnehmung in eine konzeptuelle Form und ermöglicht uns, über unsere Erfahrungen zu kommunizieren und zu reflektieren. Das bedeutet, dass sekundäre Wahrnehmung immer eine Filterung und Interpretation der primären Wahrnehmung ist und daher nie die Erfahrung selbst vollständig darstellt, sondern nur eine Repräsentation davon.

Beispiel:

• Die primäre Wahrnehmung könnte sein, dass jemand eine bestimmte Farbe sieht und ein warmes Gefühl in der Sonne spürt.
• Wenn diese Person dann sagt „Es war ein schöner, sonniger Tag", ist dies eine sekundäre Wahrnehmung, weil die Worte nur eine vereinfachte und subjektive Interpretation der tatsächlichen Sinneserfahrung sind.

3. Sprache als Filter und Verzerrung: Die Rolle des Meta-Modells

Das Meta-Modell im NLP wurde entwickelt, um die Verzerrungen, Auslassungen und Generalisierungen in der sekundären Wahrnehmung zu erkennen und zurück zur ursprünglichen, detaillierteren Erfahrung (also näher zur primären Wahrnehmung) zu gelangen. Da Sprache unsere Wahrnehmung der Realität filtert und oft verzerrt oder vereinfacht, kann es durch das Meta-Modell gelingen, diese sprachlichen Filter bewusst zu machen.

Die Hauptaufgabe des Meta-Modells ist es also, die Struktur der sekundären Wahrnehmung zu durchleuchten und die „Anker" in der Sprache zu hinterfragen. Durch gezielte Fragen werden unbewusste Verknüpfungen und die zugrunde liegenden Erfahrungen und Gedankenmuster offengelegt.

Beispiel:

• Jemand sagt: „Ich fühle mich oft wertlos." Das Meta-Modell kann hier genutzt werden, um mit Fragen wie „In welchen Situationen genau fühlst du das?" oder „Wer oder was lässt dich so fühlen?" die tiefere, primäre Erfahrung hinter diesem Gefühl zu erkunden und mögliche verzerrte Verknüpfungen zu klären.

4. Sprache als Anker und das Meta-Modell

Sprache wirkt nicht nur als eine Art sekundäre Wahrnehmung, sondern auch als ein System von Ankern, die emotionale und kognitive Reaktionen auslösen können. Diese Anker sind die Resultate von vergangenen Erfahrungen und Interpretationen, die wir im Laufe unseres Lebens gebildet haben. Durch die Sprache werden diese Anker immer wieder aktiviert und beeinflussen unser Denken, Fühlen und Handeln.

Das Meta-Modell kann dazu verwendet werden, ungesunde oder einschränkende Anker in der Sprache zu identifizieren und zu verändern. Wenn jemand beispielsweise durch bestimmte sprachliche Ausdrücke wie „Ich kann das nie schaffen" ein negatives Selbstbild verankert hat, kann das Meta-Modell dazu beitragen, diese Anker bewusst zu machen und das zugrunde liegende Gedankenmuster zu verändern.

5. Das Zusammenspiel von primärer und sekundärer Wahrnehmung, Ankern und dem Meta-Modell

Zusammenfassend lässt sich sagen, dass Sprache im NLP als Ankersystem fungiert, indem sie bestimmte Erfahrungen, Emotionen und Glaubensmuster aktiviert. Dabei unterscheidet sich die primäre Wahrnehmung, also die unmittelbare Sinneserfahrung, von der sekundären Wahrnehmung, die durch Sprache vermittelt und oft vereinfacht oder verzerrt wird.

Das Meta-Modell greift an diesem Punkt ein, indem es:

• Die sekundäre Wahrnehmung hinterfragt: Es bringt durch gezielte Fragen Klarheit über die ursprüngliche Erfahrung (primäre Wahrnehmung), die oft durch die sprachlichen Filter verloren geht.
• Versteckte Anker identifiziert: Es deckt die sprachlichen Anker und Verknüpfungen auf, die bestimmte Reaktionen auslösen und möglicherweise begrenzend wirken.
• Einschränkende Muster auflöst: Das Meta-Modell ermöglicht es, negative oder verzerrte sprachliche Anker zu erkennen und neue, konstruktivere Verknüpfungen zu schaffen.

Beispiel einer praktischen Anwendung

Angenommen, jemand sagt: „Ich bin immer schlecht in solchen Situationen." Das ist eine sekundäre Wahrnehmung und enthält möglicherweise Anker, die eine negative Selbstwahrnehmung verankern. Das Meta-Modell kann hier durch Fragen wie „In welchen Situationen genau?" und „Was bedeutet ‚schlecht' für dich?" dazu beitragen, die genaue primäre Erfahrung freizulegen. Dies hilft, das festgefahrene Muster in der sekundären Wahrnehmung zu durchbrechen und die einschränkenden Anker in der Sprache zu erkennen und gegebenenfalls neu zu setzen.

Fazit

Im NLP wird Sprache als ein System betrachtet, das die Welt filtert und durch Ankerstrukturen beeinflusst. Das Meta-Modell dient als Instrument, um diesen Prozess zu verstehen und zu verändern. Es greift auf die Idee der primären und sekundären Wahrnehmung zurück, um die ursprünglichen, oft unbewussten Erfahrungen hinter sprachlichen Ausdrücken aufzudecken. Auf diese Weise hilft das Meta-Modell, tiefer in die Bedeutungsebene der Sprache einzudringen und die Anker, die Sprache in uns verfestigt hat, bewusst zu machen und zu verändern.

Wissenschaftliche Perspektiven

Es ist weitgehend unbestritten, dass Sprache als wirksames Ankersystem funktioniert und bestimmte Worte, Sätze oder sprachliche Muster starke emotionale, kognitive und sogar physiologische Reaktionen hervorrufen können. Die Wirkung der Sprache auf das menschliche Denken, Fühlen und Handeln ist in der Psychologie und Neurowissenschaft gut erforscht. Hier sind einige Gründe, warum die Sprache als Ankersystem wirksam ist und wissenschaftlich anerkannt wird:

1. Assoziative Verknüpfungen im Gedächtnis

In der Gedächtnispsychologie ist gut belegt, dass Sprache starke assoziative Verbindungen aufbauen kann. Wenn wir bestimmte Worte hören, werden damit verknüpfte Erfahrungen, Emotionen und Bilder im Gehirn reaktiviert. Zum Beispiel können Worte wie „Heimat", „Liebe" oder „Krieg" sofort emotionale Reaktionen und Gedankenmuster auslösen, die mit diesen Begriffen verknüpft sind. Diese Verknüpfungen sind das Ergebnis von wiederholten Erfahrungen und Lernprozessen, bei denen das Gehirn Sprache und Bedeutung in einem komplexen Netz miteinander verknüpft.

2. Priming-Effekte

Priming ist ein weiteres gut erforschtes Phänomen, bei dem ein bestimmtes Wort oder Konzept das Denken und Verhalten in eine bestimmte Richtung lenken kann. Wenn wir z. B. das Wort „Freundlichkeit" lesen oder hören, neigen wir dazu, anschließend positivere Urteile zu fällen oder uns selbst freundlicher zu verhalten. Priming zeigt, dass Sprache und Begriffe subtil, aber wirkungsvoll auf unsere kognitiven Prozesse einwirken können. Dies verdeutlicht die Rolle von Sprache als Anker, der Einstellungen und Handlungen beeinflussen kann.

3. Emotionale Resonanz durch Sprache

Bestimmte Wörter und sprachliche Wendungen können starke emotionale Resonanz hervorrufen, die auf frühere Erfahrungen oder kulturelle Konnotationen zurückgeht. Studien zeigen, dass emotionale Worte (wie „Glück", „Trauer" oder „Angst") die Amygdala, das emotionale Zentrum im Gehirn, aktivieren. Diese Aktivierung kann dazu führen, dass emotionale Reaktionen auch auf körperlicher Ebene spürbar werden, z. B. durch eine beschleunigte Herzfrequenz oder eine veränderte Atmung. Die Fähigkeit der Sprache, Emotionen zu beeinflussen, wird daher als eine Art „emotionales Ankersystem" angesehen, das tief verankerte Reaktionen hervorrufen kann.

4. Soziale und kulturelle Anker

Sprache fungiert auch als Ankersystem auf sozialer und kultureller Ebene. Bestimmte Begriffe und Redewendungen sind in spezifischen kulturellen oder sozialen Kontexten verankert und können starke Reaktionen hervorrufen. Worte wie „Freiheit", „Gerechtigkeit" oder „Tradition" sind in verschiedenen Kulturen und Gesellschaften mit bestimmten Werten und emotionalen Assoziationen verbunden. Diese Worte können Menschen emotional mobilisieren oder beruhigen, je nachdem, welche Bedeutung sie in der jeweiligen Kultur haben.

5. Neurowissenschaftliche Erkenntnisse zur Sprachverarbeitung

In der Neurowissenschaft wurde gezeigt, dass Sprache in verschiedenen Bereichen des Gehirns verarbeitet wird und dabei sowohl sensorische als auch emotionale Netzwerke aktiviert. Die linke Hemisphäre ist oft für die sprachliche Verarbeitung und das Verständnis verantwortlich, während die rechte Hemisphäre mehr an der emotionalen und kontextuellen Bedeutung beteiligt ist. Dies zeigt, dass Sprache nicht nur ein Mittel der Kommunikation ist, sondern auch eine tiefgreifende Wirkung auf das emotionale und kognitive Erleben haben kann.

6. Wirkung von Selbstgesprächen und innerem Dialog

Auch der innere Dialog – also die Art und Weise, wie wir mit uns selbst sprechen – zeigt, dass Sprache im Kopf verankert ist und unsere Gefühlswelt beeinflusst. Studien in der Kognitionspsychologie haben gezeigt, dass negative oder positive Selbstgespräche starke Auswirkungen auf unser Selbstbild und unsere Emotionen haben können. Durch das bewusste Umgestalten des inneren Dialogs können Menschen ihre emotionale Verfassung ändern, was im Grunde ebenfalls auf dem Ankerprinzip basiert.

7. Therapeutische Anwendungen und kognitive Verhaltenstherapie (KVT)

In der kognitiven Verhaltenstherapie (KVT) wird gezielt mit Sprache gearbeitet, um Verhaltens- und Denkmuster zu verändern. Therapeuten nutzen bestimmte sprachliche Techniken, um kognitive Verzerrungen und Glaubenssätze zu hinterfragen und neue, unterstützende Überzeugungen zu verankern. Das zeigt, dass Sprache therapeutisch als Anker genutzt wird, um mentale Zustände und Verhaltensweisen nachhaltig zu beeinflussen.

Die Wissenschaft ist sich also darüber einig, dass Sprache starke Ankereffekte haben kann und dass Worte, Begriffe und Sätze tiefgreifende kognitive und emotionale Reaktionen auslösen können. Die Skepsis gegenüber NLP-Ankern richtet sich eher gegen die spezifischen Behauptungen des NLP über die schnelle und gezielte Verankerung komplexer emotionaler Zustände durch bestimmte Techniken. Während Sprache als Ankersystem anerkannt ist, ist der Anspruch des NLP, durch einmalige Anker schnelle, tiefgehende Veränderungen zu erreichen, empirisch weniger fundiert.

Fazit

Zusammenfassend lässt sich sagen, dass Sprache definitiv ein mächtiges Ankersystem ist, das tief in unsere kognitiven und emotionalen Prozesse eingreift. Die Wissenschaft erkennt die Ankerwirkung der Sprache klar an, insbesondere in Bereichen wie Priming, emotionaler Resonanz und therapeutischer Anwendung. Die Skepsis gegenüber NLP-Ankern bezieht sich eher auf die spezifische Methodik und die wissenschaftlich schwer zu belegendee Wirksamkeit , insbesondere bei komplexen und tiefgreifenden emotionalen Veränderungen.

Strategien, innerer Dialog und Präsenz

Im NLP ist der innere Dialog ein wesentlicher Bestandteil vieler Strategien. Der innere Dialog repräsentiert unsere „digitale" oder verbale Komponente in der inneren Wahrnehmung und spielt eine entscheidende Rolle in der Art und Weise, wie wir Entscheidungen treffen, uns selbst bewerten und Handlungen planen. Das Meta-Modell kann in diesem Zusammenhang dazu verwendet werden, die Struktur und Inhalte dieses inneren Dialogs zu hinterfragen und bewusst zu machen.

1. Der innere Dialog als Teil von Strategien im NLP

Der innere Dialog umfasst die „Selbstgespräche", die wir in Gedanken führen, und beeinflusst stark, wie wir uns selbst wahrnehmen, auf bestimmte Situationen reagieren und unsere Realität interpretieren. Im NLP ist der innere Dialog oft ein integraler Bestandteil von Strategien, da er unsere Emotionen und Verhaltensweisen beeinflusst. Er kann unterstützend sein (z. B. durch positive Selbstgespräche, die uns motivieren) oder einschränkend wirken (z. B. durch kritische oder abwertende Selbstgespräche).

Beispiele für Strategien, die den inneren Dialog nutzen:

• Motivationsstrategien: Ein positiver innerer Dialog, der uns sagt „Du schaffst das!", kann eine unterstützende Strategie sein, um uns in schwierigen Momenten zu motivieren.
• Entscheidungsstrategien: Ein innerer Dialog, der Argumente abwägt („Soll ich das tun oder nicht?"), ist oft Teil einer Strategie zur Entscheidungsfindung.
• Selbstwertstrategien: Wenn der innere Dialog kritisch oder abwertend ist („Ich kann das sowieso nicht"), kann dies eine negative Strategie sein, die das Selbstwertgefühl beeinflusst.

2. Die Verbindung zum Meta-Modell: Den inneren Dialog hinterfragen und strukturieren

Das Meta-Modell im NLP kann als Werkzeug genutzt werden, um die Inhalte und Strukturen des inneren Dialogs zu hinterfragen. Viele Gedanken, die wir im inneren Dialog ausdrücken, enthalten Generalisierungen, Verzerrungen und Auslassungen, die unsere Wahrnehmung und unser Verhalten stark beeinflussen. Durch das Meta-Modell können wir diese sprachlichen Muster aufdecken und hinterfragen, wodurch wir eine klarere und objektivere Sichtweise auf unseren inneren Dialog erhalten.

Beispiel:
Angenommen, der innere Dialog sagt: „Ich mache immer alles falsch." Hier könnte das Meta-Modell eingesetzt werden, um zu fragen:

• „Immer?" (Eine Hinterfragung der Generalisierung)
• „Was genau machst du falsch?" (Ein Aufdecken der Auslassung)
• „Wie genau weißt du, dass du es falsch machst?" (Eine Hinterfragung der Verzerrung)

Durch diese Fragen wird der innere Dialog gezielt untersucht, und die oft automatischen und unbewussten Verallgemeinerungen, Verzerrungen und Auslassungen werden klarer.

3. Der innere Dialog als „digitale" Komponente und das Meta-Modell

Im NLP wird der innere Dialog oft als digitale Komponente einer Strategie bezeichnet, weil er auf verbalen oder sprachlichen Repräsentationen basiert. Diese digitale Komponente unterscheidet sich von „analogen" Komponenten, wie Bildern und Gefühlen, da sie auf klar strukturierten Aussagen basiert, die oft sehr präzise und leicht in Worte zu fassen sind.

Das Meta-Modell spielt eine Rolle dabei, diese digitalen Inhalte zu hinterfragen und zu präzisieren. Die digitale Komponente des inneren Dialogs kann viele einschränkende Überzeugungen und Denkmuster enthalten, die durch das Meta-Modell genauer untersucht und entlarvt werden können.

Zum Beispiel:

• Innerer Dialog: „Ich werde das nie schaffen."
• Meta-Modell-Frage: „Was genau glaubst du, warum du es nicht schaffen wirst?"
• Auflösung der Verzerrung: Diese Frage könnte dazu führen, dass die Person erkennt, dass ihre Angst auf einer spezifischen Annahme beruht und nicht auf einer allgemeinen Wahrheit. Dadurch kann sie die Strategie ändern und einen neuen, unterstützenderen inneren Dialog aufbauen.

4. Der innere Dialog als Strategie und das Aufdecken unbewusster Annahmen

Häufig enthält der innere Dialog unbewusste Annahmen oder Überzeugungen, die sich auf das Selbstbild, die Erwartungen und die Interpretation von Erfahrungen auswirken. Das Meta-Modell hilft dabei, diese unbewussten Annahmen aufzudecken und bewusst zu machen. Auf diese Weise ermöglicht es das Meta-Modell, den inneren Dialog als Strategie zu verstehen und gegebenenfalls zu modifizieren.

Durch das Stellen von Meta-Modell-Fragen an den inneren Dialog kann man die „Logik" und die zugrunde liegenden Überzeugungen hinter diesen Selbstgesprächen herausfinden. Das Aufdecken dieser Annahmen kann zu einer tiefgreifenden Veränderung der internen Strategien führen und den Weg für positivere Selbstgespräche ebnen.

Beispiel:

• Innerer Dialog: „Ich bin einfach nicht gut genug."
• Meta-Modell-Frage: „Im Vergleich zu wem?" oder „Was bedeutet ‚gut genug' für dich?"
• Ergebnis: Diese Fragen könnten aufdecken, dass die Person eine unbewusste Annahme über einen bestimmten Standard hat, dem sie glaubt, nicht zu entsprechen. Diese Annahme kann bewusst gemacht und hinterfragt werden, was die Strategie des inneren Dialogs verändern kann.

5. Das Meta-Modell als Werkzeug zur Transformation des inneren Dialogs

Zusammengefasst lässt sich sagen, dass das Meta-Modell im NLP eine entscheidende Rolle dabei spielt, den inneren Dialog zu analysieren und zu transformieren. Es dient als präzises Werkzeug, um die „digitale Komponente" in der inneren Kommunikation zu hinterfragen und die unbewussten Annahmen und Muster zu entlarven, die häufig hinter einschränkenden Selbstgesprächen stehen. Indem das Meta-Modell genutzt wird, um Verzerrungen, Generalisierungen und Auslassungen im inneren Dialog aufzudecken, kann eine Person die Struktur ihrer Selbstgespräche bewusst verändern und so unterstützendere Strategien entwickeln.

Fazit

Der innere Dialog ist eine zentrale Komponente vieler Strategien im NLP, da er unsere Wahrnehmung, Entscheidungen und Handlungen stark beeinflusst. Das Meta-Modell wird verwendet, um diesen inneren Dialog gezielt zu analysieren und zu hinterfragen. Durch das Aufdecken von Generalisierungen, Verzerrungen und Auslassungen im inneren Dialog kann das Meta-Modell helfen, einschränkende Selbstgespräche bewusst zu machen und positivere, unterstützendere Strategien zu entwickeln. Das Meta-Modell ist daher ein mächtiges Instrument, um den inneren Dialog als Bestandteil der inneren Strategien im NLP zu transformieren und die „digitale Komponente" gezielt zu modifizieren.

Innerer Dialog und Präsenz

Eine Gruppe eifriger Zen-Schüler sitzt eines Tages mit ihrem Meister im Tempel und fühlt sich schon ziemlich gut. Nach all den Stunden Meditieren und Möchtegern-Erleuchtungspraxis fragen sie sich: "Warum sind wir noch nicht erleuchtet wie der Meister?"

Also fragt einer der Schüler schließlich laut: „Meister, du bist erleuchtet und wir nicht. Was ist der Unterschied zwischen dir und uns?"

Der Meister lächelt und antwortet ganz entspannt: „Nun, wenn ich sitze, dann sitze ich. Wenn ich stehe, dann stehe ich. Und wenn ich gehe, dann gehe ich."

Die Schüler blicken sich verwirrt an und stutzen. „Äh, Meister," sagt einer von ihnen zögerlich, „das tun wir doch auch. Wir sitzen, wir stehen, wir gehen… Wo ist der Unterschied?"

Der Meister schüttelt sanft den Kopf und lächelt noch ein bisschen weiser. „Nein, nein, meine lieben Schüler," sagt er, „wenn ihr sitzt, dann denkt ihr schon ans Stehen. Wenn ihr steht, plant ihr bereits das Gehen. Und wenn ihr geht, dann überlegt ihr, wie ihr endlich wieder sitzen könnt."

Die Schüler blicken sich verblüfft an. Plötzlich merken sie, wie sie tatsächlich ständig im Kopf schon die nächste Sache planen. Selbst beim Meditieren denken sie daran, was sie später zum Mittagessen haben werden – oder was für Erleuchtung sie sich noch schnell besorgen können, bevor es Abend wird.

Der Meister nickt und sagt: „Das ist genau euer Problem. Euer Kopf rennt in alle Richtungen, aber keiner bleibt einfach da, wo er gerade ist! Ihr sitzt und denkt, ihr steht. Ihr steht und denkt, ihr geht. Und während ihr geht, plant ihr das nächste Sitzen. Alles im Kreis und nirgendwo wirklich anwesend. Kein Wunder, dass euch das Erleuchten wie eine Laterne im Nebel vorkommt!"

Die Schüler lachen, jetzt ein bisschen betreten. Sie beginnen zu begreifen: Ihr Kopf ist wie ein Fernseher mit zu vielen Kanälen – dauernd flimmern neue Programme, aber keiner bleibt einfach im Moment.

Der Meister schließt das Ganze lächelnd ab: „Die Kunst der Erleuchtung, meine Lieben, ist einfach zu sein, wo man ist. Wenn ich sitze, sitze ich. Wenn ich gehe, gehe ich. Es gibt nichts zu tun – außer zu sein. Versucht's doch mal!"

Und die Schüler? Nun, sie gingen zurück auf ihre Kissen und versuchten, das Sitzen einfach mal wirklich zu genießen – ohne das nächste Programm im Kopf schon vorzuspulen.

Die Zen-Geschichte illustriert ein zentrales Problem des inneren Dialoges: Der Algorithmus zwischen primärer und sekundärer Wahrnehmung neigt zum Kreisen. Der Unterschied zwischen dem Meister und seinen Schülern liegt nicht nur in einer simplen Unterscheidung zwischen "Erleuchtung" und

"Nicht-Erleuchtung", sondern in der Art und Weise, wie die mentale Verarbeitung, der Ablauf der Strategien stattfindet.

In unserer Alltagswelt laufen ständig Gedanken- und Verhaltensstrategien ab, die uns helfen, das nächste Ziel zu planen, uns vorzubereiten und Handlungen zu koordinieren. Wenn ich beispielsweise beim Rasieren bin, läuft in meinem Kopf oft schon der Plan für das Frühstück. Dieses Ablaufen von Strategien, von „Was mache ich als Nächstes?", ist im Grunde ein nützlicher Mechanismus: Es erlaubt uns, eine Verhaltensweise vorzubereiten und parallel bereits die nächste zu „voraktivieren". Man könnte sagen, dass sich die Strategien wie in einer Stapelverarbeitung abwechseln. Während eine Handlung ausgeführt wird, befindet sich eine andere im „Hintergrund" bereit zur Aktivierung.

Der Meister jedoch verfügt über eine „Metastrategie". Diese Metastrategie ist eine Art innere Beobachterfunktion, die das Geschehen betrachtet, ohne sich mit einer der einzelnen Strategien zu identifizieren. Wenn der Meister sagt, „wenn ich sitze, dann sitze ich", bedeutet das, dass er ganz und gar im Sitzen verweilt. Es läuft nur die Sitzstrategie ab und parallel dazu die Beobachterstrategie. Beide haben die 100% Bewusstheit. Es läuft keine Ich-Strategie ab und damit keine Generierung von Zeit. Er ist vollständig präsent, nicht abgelenkt durch andere mental voraktivierte Strategien.

Die Schüler jedoch, die über keine ausgeprägte Beobachterstrategie verfügen, sind in diesem Automatismus gefangen, der sich aus dem Wechselspiel der Ankerketten zwischen primärer und sekundärer Wahrnehmung ergibt. Wenn sie sitzen, bereiten sie sich gedanklich schon auf das Stehen oder Gehen vor. Sie „springen" innerlich ständig von einer Strategie zur nächsten und verlieren dadurch die Verbindung zur gegenwärtigen Erfahrung. Dieses permanente „Wechselspiel" der Strategien, die gedanklich voreinander weggreifen, entzieht dem gegenwärtigen Moment die Aufmerksamkeit und erzeugt so ein Gefühl von Abwesenheit und Zerstreuung.

Der Meister dagegen hat gelernt, dieses „Kreisen" zu durchbrechen. Die Metastrategie erlaubt ihm, jede ablaufende Handlung zu beobachten, ohne sich mit ihr zu identifizieren. Der Schlüssel liegt darin, dass der Meister sich nicht in den individuellen Strategien verliert, sondern diese wie von außen betrachtet. Diese innere Distanz, die er durch die Metastrategie schafft, nennt man oft den „Zeugen" oder „Beobachter". Sie ist ein übergeordnetes Bewusstsein, das nicht in den Handlungen oder Gedanken verstrickt ist, sondern diese neutral beobachtet. Dies führt zu einem Zustand des „Spiegelgeistes" – einem Geist, der alles widerspiegelt, aber sich nicht davon beeinflussen lässt.

Im Endstadium löst sich sogar die Identifikation mit der Beobachterfunktion auf, und alle mentalen und physischen Strategien laufen einfach nebeneinander und ineinander verwoben ab, ohne dass ein „Ich" zwischen ihnen vermittelt. Man erreicht eine völlige Präsenz, eine Einheit mit dem Moment. Diese Ebene der Nicht-Dualität bedeutet, dass es keinen Unterschied mehr zwischen dem „Ich" und der Erfahrung gibt; alle Strategien laufen wie ein harmonisches Ganzes ab, ohne dass ein gedankliches „Ich" dazwischensteht, das sortiert oder steuert.

Das lässt sich im Kontext von NLP gut nachvollziehen und erklären. Der Zustand, den der Meister beschreibt, kann als das vollständige Fehlen des Wechselspiels zwischen primärer und sekundärer Wahrnehmung verstanden werden. Schauen wir uns das genauer an:

1. Primäre vs. Sekundäre Wahrnehmung im NLP

• Primäre Wahrnehmung: Dies ist die direkte, unvermittelte Sinneswahrnehmung, die in den Modalitäten (VAKOG) stattfindet. Es handelt sich um das,

was "ist", bevor es interpretiert wird – z. B. das Sehen einer Farbe oder das Hören eines Tons.
• Sekundäre Wahrnehmung: Diese beinhaltet die sprachliche oder gedankliche Verarbeitung der primären Wahrnehmung. Hier tritt die Sprache als Ankersystem auf und verleiht der primären Wahrnehmung Bedeutung durch:
• Gedanken,
• Interpretationen,
• Bewertungen.

2. Das Wechselspiel im normalen Zustand

Im "normalen" Bewusstseinszustand läuft ein ständiges Wechselspiel ab:
1. Primäre Wahrnehmung: Ein Reiz (z. B. ein Geräusch) wird wahrgenommen.
2. Sekundäre Wahrnehmung: Dieser Reiz wird durch Sprache, innere Dialoge oder mentale Bilder interpretiert und bewertet ("Das ist ein Vogel").
3. Ankerketten und Assoziationen: Dieses Wechselspiel erzeugt eine Kette von Bedeutungen und Verknüpfungen:
• Die Bewertung führt zu Emotionen oder weiteren Gedanken ("Ich mag Vögel").
• Neue Repräsentationen werden generiert (z. B. das innere Bild eines Vogels aus der Kindheit).

Dieses Wechselspiel stabilisiert die Ich-Illusion, weil es ständig ein narratives Selbst konstruiert, das durch die sprachliche Interpretation der primären Wahrnehmung immer wieder erneuert wird.

3. Der Zustand beim Meister

In seinem Zustand gibt es nur noch die primäre Wahrnehmung:

• Fehlen der sekundären Wahrnehmung: Die Sprache tritt nicht mehr als Ankersystem auf. Es gibt keinen inneren Dialog, keine Gedanken oder Interpretationen, die die Wahrnehmung überlagern.

• Ende der Ankerketten: Da das Wechselspiel zwischen primärer und sekundärer Wahrnehmung nicht mehr vorhanden ist, gibt es keine Ankerketten, die Bedeutungen oder Assoziationen erzeugen.

• Reine Sinneswahrnehmung: Die Sinne funktionieren direkt, ohne dass sie durch Sprache oder Denken verfälscht werden. Ein Geräusch wird als Geräusch wahrgenommen, ohne dass es in "Bedeutung" übersetzt wird.

4. Die Rolle der Sprache als Ankersystem

In einem "normalen" Bewusstseinszustand fungiert die Sprache als zentraler Anker:

• Primär -> Sekundär: Die Sprache "fängt" die primäre Wahrnehmung ein und verleiht ihr Bedeutung.

• Sekundär -> Primär: Gleichzeitig kann Sprache die primäre Wahrnehmung beeinflussen, etwa durch Erwartung oder Fokus ("Das sollte laut sein").

Beim Meister entfällt diese Funktion der Sprache völlig:

• Sprache ist nicht mehr als "Anker" aktiv.

• Primäre Wahrnehmungen werden nicht mehr in sekundäre Bedeutungen übersetzt, und sekundäre Bedeutungen beeinflussen nicht mehr die primäre Wahrnehmung.

5. Interpretation im NLP-Rahmen

Man könnte den Zustand von dem Meister so beschreiben:

1. Keine Sprachverankerung: Die primäre Wahrnehmung bleibt "pur", ohne dass sie in sprachliche oder gedankliche Begriffe übersetzt wird.

2. Keine Assoziationsketten: Es gibt keine Ankerketten von Bedeutungen, die sich aus der Interaktion von primärer und sekundärer Wahrnehmung ergeben.
3. Keine Ich-Konstruktion: Da das Wechselspiel zwischen primärer und sekundärer Wahrnehmung das Gefühl eines zusammenhängenden "Ichs" stützt, fällt die Illusion des Selbst weg.

6. Fazit

Im NLP-Rahmen könnte man sagen, dass der Meister in einem Zustand lebt, in dem die sekundäre Wahrnehmung vollständig abgeschaltet ist. Die primären Sinneswahrnehmungen laufen auf 100%iger Kapazität, ohne dass Sprache oder Gedanken eingreifen und eine Interpretation oder Bedeutung auferlegen. Dieses Fehlen des Wechselspiels zwischen primärer und sekundärer Wahrnehmung könnte erklären, warum er keinen inneren Dialog, keine Ankerketten und letztlich kein Gefühl eines "Ichs" mehr erlebt.

Als Beispiel sei hier U.G. Krishnamurti erwähnt(Literatur   ) Er beschreibtb einen Zustand, den er als "natürlichen Zustand" bezeichnete, in dem die Sinneswahrnehmungen ohne mentale Interpretation oder Verzerrung funktionieren. Dieser Zustand ist gekennzeichnet durch das Fehlen eines subjektiven "Ichs" und einer kontinuierlichen inneren Gedankenaktivität.

In meinem Buch „Integrales NLP-Bewusstseinserweiterung mit Neurolinguistischer Programmierung " habe ich diesen Zustand folgendermaßen beschrieben:

Es gab nichts als die gegenwärtige Anordnung der Ereignisse, die sich abspulten. Eine Zeitlang fühlte ich mich in einer unendlichen Leere verloren, verängstigt und verunsichert. Jedoch gewöhnte ich mich allmählich an dieses Gefühl, so sonderbar es auch war. Da war einfach ein Muster aus Aktion, aus Vorgängen und dies war im selben Augenblick das Universum und ich selbst und außerhalb war nichts, weder Vertrauen noch Misstrauen. Und der Gedanke eines sich selbst, Vertrauens oder Misstrauens schien völlig bedeutungslos. Meine Aufmerksamkeit war auf ihr gegenwärtiges Dahintreiben gelenkt und darauf, das als endgültigen Grund oder als endgültige Absicht zu sehen. Doch konnte ich auch sehen, dass die Gegenwart aus ihrem Inneren aufsteigt und das mit einer Energie, welches um vieles größer ist, als simpler Überschwang. Aus reiner Freude begann ich, auf diesem Zauberteppich des Strandes zu tanzen, und ich konnte spüren, wie der Boden unter meinen Füßen lebendig wurde, mich mit der Erde, den Palmen und dem Himmel in einer Weise verband, dass ich mit allem, was mich umgab, eins zu werden schien.

Wissenschaftliche Perspektive:

Die moderne Neurowissenschaft hat in den letzten Jahrzehnten Fortschritte im Verständnis von Bewusstsein und Wahrnehmung gemacht. Zustände, die durch reduzierte oder veränderte Selbstwahrnehmung gekennzeichnet sind, wurden in verschiedenen Kontexten untersucht, darunter Meditation, Achtsamkeit und bestimmte neurologische Zustände.
• Meditation und Achtsamkeit: Studien haben gezeigt, dass intensive Meditationspraktiken zu Veränderungen in der Gehirnaktivität führen können, insbesondere in Bereichen, die mit Selbstreferenz und innerem Dialog verbunden sind. Diese Veränderungen können zu einem verminderten Gefühl eines festen "Ichs" führen und die Wahrnehmung unmittelbarer machen.
• Default Mode Network (DMN): Das DMN ist ein Netzwerk von Gehirnregionen, das mit selbstbezogenem Denken und Ruhezuständen assoziiert ist. Un-

tersuchungen haben gezeigt, dass während tiefer Meditation die Aktivität im DMN reduziert sein kann, was zu einem verminderten Selbstbewusstsein führt.

Erweiterung der Notation

Submodalitäten lassen sich ebenfalls in die Strategie-Notation einbinden. Dazu wird jede Hauptmodalität mit spezifischen Merkmalen ergänzt, um die einzelnen Submodalitäten zu kennzeichnen. Die Submodalitäten beschreiben z.B., ob ein Bild hell oder dunkel ist, ob ein Ton laut oder leise ist, oder ob ein Gefühl stark oder schwach wahrgenommen wird. Durch das Einfügen von Submodalitäten wird die Strategie-Notation detaillierter und spezifischer.

Hier sind einige Beispiele für Submodalitäten und wie sie in der Strategie-Notation ergänzt werden könnten:

Beispiele für Submodalitäten

Visuell (V):

- Vp: Perspektive (z. B. aus erster oder dritter Person)
- Vh: Helligkeit (hell/dunkel)
- Vf: Fokus (scharf/unscharf)
- Vs: Größe (klein/groß)
- Vd: Entfernung (nah/fern)

Auditiv (A):

- Al: Lautstärke (laut/leise)
- Ap: Tonlage (hoch/tief)
- Ar: Richtung (rechts/links oder von vorne/hinten)
- At: Tempo (schnell/langsam)

• Am: Klangfarbe (klar/gedämpft)

Kinästhetisch (K):

• Ks: Stärke (stark/schwach)
• Kl: Lage (Ort des Gefühls im Körper)
• Kt: Temperatur (warm/kalt)
• Kv: Vibration (pulsierend/stabil)
• Kb: Bewegung (statisch/dynamisch)

Eingebaute Submodalitäten in einer Strategie-Notation

Um Submodalitäten in die Strategie-Notation zu integrieren, kann man diese Kennzeichnungen als zusätzliche Parameter hinzufügen. Hier sind ein paar Beispiele für komplexere Notationen mit Submodalitäten:

1. Entscheidungsstrategie mit Submodalitäten
• Vp(h) → Ai(t) → Ks(s): Die Person stellt sich zunächst ein inneres Bild (Vp) aus ihrer eigenen Perspektive und in heller Beleuchtung vor. Sie denkt dann innerlich mit einer langsamen (t) Sprachrate (Ai). Abschließend spürt sie ein starkes (Ks) Gefühl im Bauch, das die Entscheidung bestätigt.
2. Motivationsstrategie mit Submodalitäten
• Ve(d) → Vi(s, h) → Kl(w): Die Person sieht zuerst ein externes Bild (Ve), das sich in weiter (d) Entfernung befindet, stellt sich dann ein inneres Bild (Vi) vor, das groß (s) und hell (h) ist, und spürt schließlich ein warmes (Kl) Gefühl in der Brust, das die Motivation verstärkt.
3. Überwindung von Angst mit Submodalitäten
• Vd(d) → Al(l) → Ks(s): Die Person stellt sich ein visuelles Bild (Vd) vor, das dunkel (d) ist und in großer Entfernung liegt, hört dann eine innere Stim-

me (Al), die laut (l) spricht, und fühlt schließlich ein starkes (Ks) Gefühl der Erleichterung.

4. Strategie für Rauchstopp mit Submodalitäten

• Ai(l) → Ki(s, b) → Vi(f): Die Person sagt sich innerlich leise (Ai), dass sie keine Zigarette braucht, spürt dann ein schwaches, bewegliches Gefühl (Ki) im Magen, und stellt sich schließlich ein klares (Vi, f) inneres Bild vor, wie sie sich rauchfrei sieht.

Weitere Überlegungen zur Verwendung von Submodalitäten

• Variationen für Flexibilität: Indem man mit den Submodalitäten experimentiert, kann man die Intensität und Art der inneren Repräsentation verändern. Beispielsweise kann ein Bild, das in weiter Entfernung dunkel ist, nah und hell gemacht werden, um eine positive Assoziation zu schaffen.

• Feinabstimmung der Strategie: Mit dieser erweiterten Notation lassen sich Strategien noch präziser analysieren und gezielt modifizieren. Änderungen in den Submodalitäten können einen großen Einfluss auf das emotionale und kognitive Erleben haben.

Durch die Kombination von Hauptmodalitäten und Submodalitäten wird die NLP-Strategie-Notation detaillierter und ermöglicht es, spezifische Details der inneren Verarbeitung darzustellen und zu modifizieren.

Hier ist eine vollständige Übersicht für die Strategie-Notation im NLP, mit den Hauptmodalitäten und häufig verwendeten Submodalitäten. Diese Vorlage soll alle möglichen Submodalitäten systematisch erfassen und mit Abkürzungen versehen, sodass sie zur detaillierten Notation und Analyse von mentalen Strategien verwendet werden kann.

Visuelle Submodalitäten (V)

- Vp: Perspektive (erste oder dritte Person)
- Vh: Helligkeit (hell/dunkel)
- Vf: Fokus (scharf/unscharf)
- Vs: Größe (klein/groß)
- Vd: Entfernung (nah/fern)
- Vl: Lage (oben/unten, links/rechts)
- Vc: Farbe (farbig/schwarz-weiß)
- Vm: Bewegung (beweglich/statisch)
- Vr: Rahmen (mit Rahmen/ohne Rahmen)
- Va: Assoziation/Dissociation (assoziiert/dissassoziiert)
- Vb: Helligkeitsgrad (leuchtend/matt)

Auditive Submodalitäten (A)

- Al: Lautstärke (laut/leise)
- Ap: Tonhöhe (hoch/tief)
- Ar: Richtung (rechts/links, von vorne/hinten)
- At: Tempo (schnell/langsam)
- Am: Klangfarbe (klar/gedämpft)
- Af: Frequenz (kontinuierlich/unterbrochen)
- Av: Nähe (nah/fern)
- As: Sprachstil (freundlich/aggressiv)
- Ac: Kontext (intern/extern)
- An: Anzahl (einfach/mehrfach, Chor vs. einzelne Stimme)

Kinästhetische Submodalitäten (K)

- Ks: Stärke (stark/schwach)

- Kl: Lage (Ort des Gefühls im Körper)
- Kt: Temperatur (warm/kalt)
- Kv: Vibration (pulsierend/stabil)
- Kb: Bewegung (statisch/dynamisch)
- Kd: Dauer (lang/kurz)
- Kr: Richtung des Gefühls (aufsteigend/absteigend)
- Kf: Fläche (großflächig/klein)
- Kc: Konsistenz (fest/flüssig, hart/weich)
- Ka: Art des Gefühls (z. B. kribbelnd, drückend)

Olfaktorische Submodalitäten (O)

- Os: Stärke des Geruchs (intensiv/schwach)
- Of: Frische (frisch/alt)
- Od: Dauer (anhaltend/kurz)
- Ok: Konsistenz (z. B. beißend, mild)
- On: Herkunft des Geruchs (natürlich/künstlich)

Gustatorische Submodalitäten (G)

- Gs: Stärke des Geschmacks (intensiv/schwach)
- Gt: Temperatur (warm/kalt)
- Gq: Qualität (süß/sauer/bitter/salzig/umami)
- Gc: Konsistenz (fest/flüssig)
- Gd: Dauer (anhaltend/kurz)
- Go: Ursprung des Geschmacks (natürlich/künstlich)

Verwendung dieser Notation

Mit dieser Vorlage können wir eine detaillierte Strategie-Notation erstellen, die sämtliche Modalitäten und Submodalitäten umfasst. Jeder Schritt in einer mentalen Strategie kann nun mit den spezifischen Sinnesmerkmalen beschrieben werden. Zum Beispiel:

• Vi(h, f, s) → Ai(l, t) → Ks(s, l)

Dies könnte übersetzt werden als:

• Ein visuelles inneres Bild (Vi) mit den Submodalitäten hell (h), fokussiert (f), und groß (s).
• Gefolgt von einer inneren auditiven Wahrnehmung (Ai) mit leiser Lautstärke (l) und langsamem Tempo (t).
• Abschließend ein starkes kinästhetisches Gefühl (Ks) an einem bestimmten Ort im Körper (l).

Diese Notationsvorlage ermöglicht es, jede mentale Strategie präzise darzustellen und zu analysieren, indem nicht nur die Modalitäten, sondern auch die spezifischen Submodalitäten berücksichtigt werden. Sie bietet eine umfassende Übersicht für die Arbeit mit NLP-Strategien.

Hier sind Beispiele für effiziente Strategien in der vollständigen NLP-Notation. Diese Strategien nutzen spezifische Hauptmodalitäten und Submodalitäten, um das gewünschte Verhalten oder Gefühl zu erzeugen.

1. Visuelle Rechtschreibstrategie

Ziel: Eine effiziente Strategie für das korrekte Schreiben von Wörtern, indem sie visuell gespeichert und abgerufen werden.

Notation:

• Ve(f, s, h) → Vi(f, s, h) → Ai(t)

Beschreibung:

• Ve(f, s, h): Die Person sieht das Wort extern, z.B. in einem Buch oder auf einer Tafel, in scharfem Fokus (f), großer Größe (s) und in heller Darstellung (h).
• Vi(f, s, h): Die Person stellt sich dann das Wort als inneres Bild vor, ebenfalls scharf (f), groß (s) und hell (h), um es im Gedächtnis abzuspeichern.
• Ai(t): Abschließend sagt sich die Person das Wort innerlich mit langsamer Sprachrate (t), um es akustisch zu verankern.

2. Entscheidungsstrategie bei der Bestellung im Restaurant

Ziel: Eine schnelle und gute Entscheidung für eine Bestellung, ohne lange zu zögern.

Notation:

• Ve(s, h) → Ki(l, s) → Ai(l, t) → Ks(s)

Beschreibung:

• Ve(s, h): Die Person sieht die Gerichte auf der Karte vor sich (extern) und fokussiert dabei auf große, helle Bilder der Gerichte.

• Ki(l, s): Sie prüft dann ein inneres Gefühl im Bauch oder Brustbereich (Lage l) und spürt eine starke Empfindung (s), die ihr anzeigt, ob das Gericht ansprechend ist.
• Ai(l, t): Innerlich sagt sie sich leise und langsam (l, t) „Ja, das klingt gut" oder „Nein, lieber nicht".
• Ks(s): Abschließend verstärkt die Person das positive Gefühl zu einem ausgewählten Gericht, indem sie das starke (s) Bauchgefühl bestätigt.

3. Strategie zur Überwindung von Ängsten (z.B. bei der Sichtung einer Maus)

Ziel: Eine effiziente Strategie, um die Angst beim Sehen einer Maus zu reduzieren oder zu neutralisieren.

Notation:

• Ve(d, s, f) → Vi(d, s, f) → Ai(l) → Ki(l, w)

Beschreibung:

• Ve(d, s, f): Die Person sieht die Maus (extern) und verschiebt das Bild mental so, dass es dunkel (d), klein (s) und unscharf (f) wird.
• Vi(d, s, f): Sie erstellt dann ein inneres Bild der Maus, ebenfalls dunkel (d), klein (s) und unscharf (f), um die Bedrohlichkeit zu reduzieren.
• Ai(l): Sie sagt sich innerlich mit leiser Stimme (l): „Es ist nur eine Maus, sie kann mir nichts tun."
• Ki(l, w): Zum Abschluss lenkt sie das Gefühl der Ruhe in den Körper, etwa in den Brustbereich (l), und fokussiert auf ein warmes Gefühl (w), das Sicherheit vermittelt.

4. Motivationsstrategie

Ziel: Eine Strategie, um sich schnell und effektiv zu motivieren.

Notation:

• Vi(h, s, f) → Ks(s, l, w) → Ai(l, t) → Ve(h, s)

Beschreibung:

• Vi(h, s, f): Die Person stellt sich innerlich ein Bild des Ziels vor (z. B. eine bestandene Prüfung oder ein fertiges Projekt) und visualisiert es hell (h), groß (s) und scharf (f).
• Ks(s, l, w): Sie fühlt dann ein starkes Motivationsgefühl (s) im Brustbereich (l), das sich warm anfühlt (w).
• Ai(l, t): Sie sagt sich innerlich leise und langsam (l, t): „Das kann ich schaffen, und es wird sich gut anfühlen."
• Ve(h, s): Abschließend sieht sie sich extern vor Augen, wie sie das Ziel erreicht hat, in einer hellen und großen Darstellung (h, s), um die Motivation zu verstärken.

5. Essstrategie zur Vermeidung von Übergewicht

Ziel: Eine komplexe Strategie, die hilft, impulsives Essen zu vermeiden und bewusste Entscheidungen beim Essen zu treffen.

Notation:

• Vi(d, s, f) → Ki(l, w) → Ai(l, s) → Vi(h, f) → Ks(s, b) → Ai(t)

Beschreibung:

• Vi(d, s, f): Die Person sieht sich zuerst ein Bild des Essens vor, das sie vermeiden will, stellt es sich dunkel (d), klein (s) und unscharf (f) vor, um die Attraktivität zu reduzieren.

• Ki(l, w): Sie fokussiert sich auf ein leichtes, warmes Gefühl (w) im Bauchbereich (l), das die Entspannung symbolisiert, nicht aus Hunger zu essen.

• Ai(l, s): Sie sagt sich leise (l) und selbstbestimmt (s) innerlich: „Ich habe die Kontrolle und brauche jetzt nichts zu essen."

• Vi(h, f): Sie stellt sich nun ein inneres Bild von sich selbst vor, wie sie gesund und zufrieden ist, hell (h) und scharf (f), um das Ziel eines gesunden Essverhaltens zu festigen.

• Ks(s, b): Sie spürt ein starkes Gefühl (s) von Zufriedenheit und Leichtigkeit in ihrem Körper, das sich stabil (b) anfühlt.

• Ai(t): Abschließend sagt sie sich innerlich in einem langsamen Tempo (t): „Ich entscheide bewusst, was und wann ich esse."

Diese Notationsvorlagen bieten detaillierte, effiziente Strategien für spezifische Ziele. Die genaue Verwendung von Hauptmodalitäten und Submodalitäten macht die einzelnen Schritte klar und zeigt, wie das gewünschte Verhalten oder Gefühl durch bewusstes Umgestalten der inneren Repräsentationen erreicht werden kann.

Die Strategie-Notation im NLP bietet gegenüber einer rein verbalen Beschreibung mehrere Vorteile, insbesondere wenn es darum geht, komplexe mentale Prozesse präzise und effizient darzustellen. Hier sind einige wesentliche Gründe, warum diese Notation hilfreich, wichtig und empfehlenswert ist:

1. Präzision und Übersichtlichkeit

• Die Notation erlaubt eine sehr präzise Darstellung der einzelnen Schritte in einer Strategie, einschließlich spezifischer Modalitäten und Submodalitäten. Verbale Beschreibungen können oft langatmig und unübersichtlich sein, während die Notation alle relevanten Details auf einen Blick zusammenfasst.
• Jede Modalität und Submodalität wird durch einen eindeutigen Code repräsentiert, sodass man schnell erkennen kann, welche Sinnesmodalitäten beteiligt sind und wie diese spezifisch gestaltet sind (z.B. hell/dunkel, laut/leise, warm/kalt).

2. Struktur und Standardisierung

• Durch die Notation wird ein standardisiertes Format verwendet, das die Dokumentation und Analyse verschiedener Strategien vereinfacht. NLP-Coaches und Praktiker können anhand der Notation verschiedene Strategien vergleichen und gezielt Änderungen vornehmen, ohne jedes Mal eine neue verbale Beschreibung erstellen zu müssen.
• Die Struktur der Notation macht es leichter, ähnliche Strategien zu erkennen oder bestimmte Muster zu identifizieren. Dies ist besonders hilfreich, wenn man Strategien systematisch verbessern oder bei verschiedenen Klienten anwenden möchte.

3. Schnelligkeit und Effizienz

• Die Notation ist kompakt und spart Zeit. Ein komplexer Prozess, der in einer ausführlichen verbalen Beschreibung möglicherweise mehrere Absätze benötigt, kann durch die Notation auf eine übersichtliche Zeile reduziert werden. Das ist besonders nützlich, wenn man Strategien schnell skizzieren oder im Coaching-Kontext aufschreiben möchte.

• Die Notation ermöglicht es, mentale Prozesse zu „lesen" und auf einen Blick zu erfassen, was in jedem Schritt passiert. Dadurch lassen sich Veränderungen oder Anpassungen in einer Strategie schneller planen und umsetzen.

4. Verständlichkeit für Fortgeschrittene

• Für Personen, die im NLP erfahren sind, wird die Notation wie eine „Sprache", die spezifische interne Abläufe beschreibt. Ein erfahrener Praktiker kann eine Strategie-Notation direkt „lesen" und verstehen, ohne dass eine lange Erklärung notwendig ist.
• Die Notation ist besonders nützlich, wenn mehrere NLP-Praktiker zusammenarbeiten. Durch die gemeinsame Sprache wird es einfacher, Strategien untereinander auszutauschen und dieselbe Methode anzuwenden.

5. Gezielte Veränderung und Modifikation

• Da die Notation einzelne Modalitäten und Submodalitäten systematisch aufzeigt, kann man gezielt experimentieren und Veränderungen vornehmen. Beispielsweise kann ein Coach direkt sehen, dass eine visuelle Submodalität („hell/dunkel") auf einen emotionalen Zustand wirkt, und testen, was passiert, wenn man diesen Parameter verändert.
• Die Notation macht auch komplexere Modifikationen, wie das Einfügen neuer Schritte oder das Ändern der Reihenfolge, einfacher, da alle Schritte systematisch dargestellt sind. Das macht die Strategie flexibel und anpassbar.

6. Analysen und Mustererkennung

• Für NLP-Analysen und Forschungen ermöglicht die Notation eine tiefere Einsicht in die Struktur und Muster erfolgreicher Strategien. Wenn man beispielsweise feststellen möchte, wie effiziente Entscheidungsstrategien im Ver-

gleich zu ineffizienten strukturiert sind, lassen sich verschiedene Strategien anhand ihrer Notation direkt vergleichen.
• Es wird einfacher, typische oder effiziente Muster für bestimmte Zielsetzungen zu identifizieren und daraus allgemeine Prinzipien abzuleiten. Dies kann für NLP-Coaches bei der Entwicklung von neuen Techniken oder für die Anpassung bestehender Techniken an individuelle Bedürfnisse hilfreich sein.

7. Dokumentation und Nachverfolgbarkeit

• Die Notation dient als Dokumentationswerkzeug, das den Verlauf von Coaching-Prozessen aufzeichnet. Wenn ein Coach den Fortschritt eines Klienten über die Zeit verfolgt, kann er mit der Notation genau dokumentieren, welche Strategien eingesetzt und wie diese im Laufe des Prozesses modifiziert wurden.
• Durch die Nachverfolgbarkeit der Strategien in Notation lassen sich Fortschritte und Veränderungen besser nachvollziehen. Der Klient oder Coach kann später sehen, welche Schritte entscheidend für eine erfolgreiche Strategieänderung waren.

Fazit

Die NLP-Strategie-Notation ist weit mehr als eine Abkürzung: Sie ist eine präzise und strukturierte Methode, um mentale Prozesse effizient darzustellen, zu analysieren und gezielt zu verändern. Die Kombination aus Präzision, Effizienz und Standardisierung macht die Notation zu einem unverzichtbaren Werkzeug im NLP, insbesondere für fortgeschrittene Anwender und Coaches, die strukturiert arbeiten und verschiedene Strategien systematisch anwenden oder modifizieren möchten. Sie bietet eine klare „Landkarte" der inneren Prozesse, die durch NLP bearbeitet werden, und ermöglicht so eine gezielte und effektive Veränderungsarbeit.

Hier ist die erweiterte Notation für die fünf Strategiebeispiele, die alle bisher besprochenen Verknüpfungen – wie Schleifen, Entscheidungspunkte, Polaritäten, Metareaktionen und Synästhesien – berücksichtigt. Außerdem füge ich eine Übersicht der verwendeten Verknüpfungssymbole hinzu, damit du die gesamte Notation auf einen Blick hast.

Übersicht der **Verknüpfungssymbole** für die Notation

Symbol Bedeutung
→ Lineare Abfolge
↻ Schleife (Wiederholung)
↗ / ↘ Entscheidungspunkt (Verzweigung abhängig von einer Bedingung)
⇆ Polaritätsreaktion (Wechsel zwischen zwei entgegengesetzten Zuständen oder Modalitäten)
↺ Metareaktion (Reaktion auf die Reaktion, häufig als Meta-Ebene oder innerer Kommentar)
+ Synästhesie (gleichzeitiges Erleben oder Verstärkung zweier Modalitäten)

1. Visuelle Rechtschreibstrategie

Ziel: Die korrekte Schreibweise von Wörtern durch visuelles Speichern und Abrufen.

Notation:

• Ve(f, s, h) → Vi(f, s, h) ↻ ↗ Ai(t)

Beschreibung:

• Ve(f, s, h): Die Person sieht das Wort extern in scharfem Fokus, großer Größe und heller Darstellung.

• Vi(f, s, h): Sie stellt sich das Wort innerlich als scharfes, großes und helles Bild vor.

• ↻: Die Person wiederholt diesen Schritt (Vi), bis sie das Bild klar im Gedächtnis hat.

• ↱ Ai(t): Nachdem das Bild stabilisiert ist, wiederholt sie das Wort innerlich langsam, um es akustisch zu verankern.

2. Entscheidungsstrategie bei der Bestellung im Restaurant

Ziel: Eine schnelle und gute Entscheidung für eine Bestellung, ohne langes Zögern.

Notation:

• Ve(s, h) → Ki(l, s) → (Ai(l, t) + Ks(s)) ↱ Vi(h, f)

Beschreibung:

• Ve(s, h): Die Person sieht die Gerichte in der Speisekarte, die groß und hell abgebildet sind.

• Ki(l, s): Sie prüft das Gefühl im Bauch, das anzeigt, ob das Gericht ansprechend ist.

• (Ai(l, t) + Ks(s)): Innerlich sagt sie sich leise und langsam „Das klingt gut" und verstärkt gleichzeitig das starke Bauchgefühl.

• ↱ Vi(h, f): Basierend auf dieser Entscheidung sieht sie sich innerlich das Gericht in heller, scharfer Darstellung vor.

3. Strategie zur Überwindung von Ängsten (z.B. bei der Sichtung einer Maus)

Ziel: Die Angst beim Sehen einer Maus reduzieren oder neutralisieren.

Notation:

• Vi(d, s, f) ⇆ Ve(h, f) → (Ai(l) + Ki(w)) ↗ Ki(s)

Beschreibung:

• Vi(d, s, f): Die Person stellt sich die Maus in einem inneren Bild dunkel, klein und unscharf vor.
• ⇆ Ve(h, f): Sie wechselt zwischen dem inneren Bild (dunkel und klein) und einem hellen, scharfen externen Bild der Maus, um eine Polaritätsreaktion zu erzeugen.
• (Ai(l) + Ki(w)): Gleichzeitig sagt sie sich leise „Es ist nur eine Maus" und fühlt ein warmes, beruhigendes Gefühl im Körper.
• ↗ Ki(s): Bei vollständiger Beruhigung fühlt sie ein starkes Gefühl der Kontrolle.

4. Motivationsstrategie

Ziel: Schnell und effektiv Motivation erzeugen.

Notation:

• Vi(h, s, f) → Ks(s, l, w) + Ai(l, t) ↺ Ve(h, s)

Beschreibung:

• Vi(h, s, f): Die Person stellt sich das Ziel als helles, großes und scharfes Bild vor.

• Ks(s, l, w) + Ai(l, t): Sie spürt ein starkes, warmes Gefühl in der Brust, während sie sich leise „Ich schaffe das" sagt.

• ↻ Ve(h, s): Die Person sieht ein Bild von sich selbst in heller, großer Darstellung, als Metareaktion, um die Motivation weiter zu verstärken.

5. Essstrategie zur Vermeidung von Übergewicht

Ziel: Impulsives Essen vermeiden und bewusste Entscheidungen beim Essen treffen.

Notation:

• Vi(d, s, f) → (Ki(l, w) + Ai(l, s)) ↱ Vi(h, f) → Ks(s, b) ↻ Ai(t)

Beschreibung:

• Vi(d, s, f): Die Person stellt sich das Essen dunkel, klein und unscharf vor, um die Attraktivität zu mindern.

• (Ki(l, w) + Ai(l, s)): Sie fokussiert auf ein warmes Gefühl im Bauch, während sie sich innerlich leise und selbstbestimmt sagt: „Ich habe die Kontrolle".

• ↱ Vi(h, f): Sie stellt sich dann ein Bild von sich selbst in heller, scharfer Darstellung als gesund und zufrieden vor.

• Ks(s, b): Ein starkes Gefühl von Zufriedenheit und Leichtigkeit stabilisiert sich im Körper.

• ↻ Ai(t): Zum Abschluss sagt sie sich innerlich langsam: „Ich entscheide bewusst, was ich esse", als Metareaktion zur Bestärkung.

Diese erweiterten Notationen zeigen, wie jede Strategie mit spezifischen Verknüpfungen ergänzt wird. Die Symbole machen es möglich, komplexe mentale Abläufe präzise darzustellen, was eine tiefere Analyse und gezieltes Arbeiten an der Struktur der Strategien ermöglicht.

 Ein **Fragebogen zur Analyse von Submodalitäten** kann sehr hilfreich sein, um die feinen Unterschiede innerhalb der Repräsentationssysteme einer Person herauszufinden. Submodalitäten sind die spezifischen Merkmale, die eine Person in ihren inneren Bildern, Klängen und Gefühlen wahrnimmt, und können sich etwa auf Helligkeit, Lautstärke, Distanz oder Intensität beziehen. Ein solcher Fragebogen hilft, diese Merkmale gezielt zu untersuchen und Unterschiede herauszuarbeiten.

Hier ein tabellarisches Beispiel für einen solchen Fragebogen. Die Fragen sind auf die Submodalitäten in den drei Hauptrepräsentationssystemen – visuell, auditiv und kinästhetisch – abgestimmt. Jede Frage hilft dabei, die jeweilige Submodalität zu erkunden und Unterschiede festzustellen.

Diese Fragen geben einen Rahmen, um die einzelnen Submodalitäten zu „untersuchen" und bewusst zu machen, wie spezifische Details die innere Wahrnehmung und damit auch das Empfinden beeinflussen. Man kann diesen Fragebogen so verwenden, dass man sich auf eine Erinnerung oder eine Vorstellung konzentriert und die Fragen durchgeht, um herauszufinden, wie sich kleine Veränderungen der Submodalitäten auf die Wahrnehmung auswirken.

Repräsentationssystem	Submodalität	Fragen zur Analyse
Visuell	Helligkeit	Ist das Bild, das du siehst, hell oder dunkel? Kannst du es heller oder dunkler machen?
	Farbe	Siehst du das Bild in Farbe oder in Schwarz-Weiß? Was verändert sich, wenn du es in Farbe siehst?
	Größe	Wie groß ist das Bild? Könnte es größer oder kleiner sein? Wie fühlst du dich bei der Veränderung?
	Distanz	Ist das Bild nah oder weit entfernt? Was passiert, wenn du es näher heranholst oder weiter wegschiebst?
	Schärfe	Ist das Bild scharf oder unscharf? Wie verändert sich dein Eindruck, wenn du es schärfer machst?
	Perspektive	Siehst du das Bild von vorne, von der Seite oder aus der Vogelperspektive?
Auditiv	Lautstärke	Wie laut sind die Geräusche? Was passiert, wenn du sie lauter oder leiser machst?
	Tonhöhe	Sind die Töne hoch oder tief? Was ändert sich, wenn du die Tonhöhe veränderst?
	Tempo	Ist das Tempo der Geräusche schnell oder langsam? Wie beeinflusst das dein Empfinden?
	Klangqualität	Sind die Geräusche klar oder gedämpft? Ändert sich die Wahrnehmung bei klarem Klang?
	Richtung	Woher kommen die Geräusche (links, rechts, oben, unten)? Was passiert, wenn die Richtung geändert wird?
	Tonalität	Klingen die Geräusche freundlich, neutral oder bedrohlich? Wie verändert sich die Stimmung, wenn die Tonalität wechselt?
Kinästhetisch	Intensität des Gefühls	Wie stark ist das Gefühl? Was passiert, wenn du es stärker oder schwächer machst?
	Ort des Gefühls im Körper	Wo im Körper spürst du das Gefühl? Kannst du den Ort verändern?
	Bewegung	Ist das Gefühl in Bewegung oder

In der NLP-Strategienotation ist die Darstellung des **inneren Dialogs** (AID) oft eine Herausforderung, gerade weil er nicht nur eine sekundäre Wahrnehmung darstellt, sondern auch primäre Repräsentationen (z.B. visuelle Bilder oder kinästhetische Empfindungen) auslösen kann. Das führt oft zu einer Art Verschachtelung oder Kettenreaktion innerhalb der Strategie, was komplex zu notieren ist.

Um dies übersichtlicher darzustellen, können wir eine Notationsstruktur verwenden, die sowohl die sekundäre (innere Dialoge) als auch die daraus resultierende primäre Wahrnehmung explizit darstellt.

Systematische Darstellung der Notation

1. Primäre und sekundäre Wahrnehmungen trennen:
• Primäre Wahrnehmungen (V, A, K, O, G) werden direkt notiert.
• Sekundäre Wahrnehmungen (z.B. innerer Dialog AID) werden in eckige Klammern [...] gesetzt, um zu kennzeichnen, dass es sich um eine Art „Zwischenprozess" handelt, der wiederum primäre Wahrnehmungen triggern kann.
2. Verkettung darstellen:
• Zeige an, wenn ein innerer Dialog (AID) eine primäre Wahrnehmung auslöst, indem du diese primäre Wahrnehmung direkt nach dem Dialog in Klammern (...) notierst. Dies verdeutlicht, dass der Dialog ein Bild, eine Vorstellung oder ein Gefühl erzeugt.
3. Verschachtelungen:
• Bei komplexeren Wechselspielen kann man die innere Dialog-Repräsentation auch verschachteln. Eine tiefergehende Verschachtelung lässt sich durch weitere eckige Klammern [[...]] angeben, um aufeinander aufbauende Prozesse zu verdeutlichen.

4. Ankerpunkte in der Strategie:
• Falls der innere Dialog einen spezifischen Anker auslöst, der dann den nächsten Schritt steuert, kann dieser durch einen ->-Pfeil markiert werden, um eine Weiterleitung an den nächsten Schritt zu signalisieren.

Beispiel einer Strategienotation

Nehmen wir eine Bestellstrategie, in der jemand bei der Auswahl eines Gerichts in einem Restaurant einen inneren Dialog führt und dann ein inneres Bild sieht.

Strategienotation der Auswahlstrategie

• V -> [AID: „Was nehmen die anderen?"] (V) -> K -> Entscheidung

Erläuterung:
1. V – Die Person sieht die Speisekarte (visuelle primäre Wahrnehmung).
2. [AID: „Was nehmen die anderen?"] – Ein innerer Dialog findet statt, in dem sie sich fragt, was die anderen Personen am Tisch bestellen. Dieser innere Dialog ist in eckige Klammern gesetzt, da er eine sekundäre Wahrnehmung ist.
3. (V) – Der Dialog löst ein inneres Bild (V) aus, in dem sie sich vorstellt, was die anderen möglicherweise bestellen (primäre Wahrnehmung durch visuelle Vorstellung).
4. K – Die Vorstellung von dem Essen löst ein körperliches Gefühl (K) aus, beispielsweise ein Verlangen oder ein angenehmes Bauchgefühl.
5. Entscheidung – Basierend auf diesen Wahrnehmungen trifft die Person ihre Auswahl.

Erweiterte Verschachtelung bei komplexen Strategien

156

Angenommen, die Person führt nach dem inneren Bild erneut einen Dialog mit sich selbst und prüft verschiedene Gerichte:

• V -> [AID: „Was nehmen die anderen?"] (V) -> [[AID: „Soll ich dasselbe nehmen?"] (K)] -> Entscheidung

Erläuterung der Verschachtelung:

1. V – Die visuelle Wahrnehmung der Speisekarte.
2. [AID: „Was nehmen die anderen?"] – Innerer Dialog, der die Frage aufwirft, was die anderen bestellen.
3. (V) – Dieser Dialog führt zu einem inneren Bild (V), in dem sie die Vorstellung hat, was andere möglicherweise wählen.
4. [[AID: „Soll ich dasselbe nehmen?"] – Ein erneuter innerer Dialog (Verschachtelung) nach dem Bild, in dem sie sich fragt, ob sie das gleiche Gericht wählen soll.
5. (K) – Dieser Dialog erzeugt ein kinästhetisches Gefühl (K), z.B. ein Gefühl von Vorfreude oder Abneigung gegenüber der Idee, dasselbe Gericht zu bestellen.
6. Entscheidung – Sie trifft ihre endgültige Auswahl.

Fazit

Durch diese erweiterte Notation wird deutlich, wie sich sekundäre und primäre Wahrnehmungen verschachteln und aufeinander aufbauen. Der innere Dialog wird in eckigen Klammern [AID: …] markiert, um ihn klar von den primären Repräsentationen zu trennen. Die dadurch ausgelösten primären Wahrnehmungen werden direkt im Anschluss in runden Klammern (…) notiert. Bei komplexeren Strategien hilft eine Verschachtelung in mehrfachen Klammern, die Verkettung und das Wechselspiel zwischen Dialog und Wahrnehmung transparent darzustellen.

Design

Wie komme ich an die Struktur einer (+)- Strategie?

Utilisation

Der Prozess der Utilisation – also das Nutzen bestehender Strategien – ist eine sehr effektive Methode im NLP, um eine bereits funktionierende Strategie auf neue Kontexte anzuwenden, ohne eine komplett neue Strategie entwickeln oder installieren zu müssen. Die Grundidee dabei ist, dass eine Strategie als Abfolge von mentalen Prozessen und Submodalitäten in der Regel inhaltsunabhängig ist. Das bedeutet, dass dieselbe Sequenz von Wahrnehmungen und inneren Dialogen, die jemand zum Beispiel zur Motivation für einen Autokauf verwendet, auch zur Motivation für eine andere Aktivität, wie Sport, eingesetzt werden kann.

Hier eine systematische Darstellung und ein Beispiel, wie dieser Prozess funktioniert:

Prozess der Utilisation

1. Strategie-Evokation:
• Zunächst wird die bestehende Strategie evoziert und genau analysiert. Man ermittelt die Schritte, Submodalitäten und Sequenzen, die eine Person in einem bestimmten Kontext, z.B. beim Autokauf, durchläuft. Ziel ist es, die Strategie in ihre einzelnen Schritte und Repräsentationssysteme zu zerlegen.
2. Bewusste Analyse der Schritte:
• Man geht jeden einzelnen Schritt bewusst durch und versteht die Abfolge und Dynamik der Strategie. Dies ist der Punkt der „bewussten Inkompetenz": Die Person erkennt die Struktur ihrer Strategie, ist sich aber der Übertragungsmöglichkeiten auf andere Kontexte noch nicht bewusst.
3. Identifizierung des Zielkontexts:
• Nun wird geklärt, in welchem neuen Kontext die Strategie nützlich sein könnte. Dieser Kontext sollte eine ähnliche Struktur oder Zielsetzung haben.

Beispielsweise könnte eine Motivationsstrategie für den Autokauf auch beim Thema Sportmotivation hilfreich sein.

4. Pacen der Repräsentationen:

• Hier kommt das „Pacen" ins Spiel: Die Informationen und Repräsentationen des neuen Kontexts (z.B. Joggen) werden so angeordnet und repräsentiert, dass sie der evozierten Strategie entsprechen. Man passt also die Submodalitäten und Inhalte des neuen Kontextes so an, dass sie den bekannten Schritten der bestehenden Strategie folgen.

5. Utilisation der bestehenden Strategie:

• Die Person „läuft" nun gedanklich die Strategie mit den neuen Inhalten durch. Sie verwendet dieselbe Sequenz von inneren Bildern, Dialogen und Gefühlen, um das neue Ziel zu erreichen.

6. Test und Anpassung:

• Abschließend wird überprüft, ob die Utilisation funktioniert. Kleinere Anpassungen an den Submodalitäten können vorgenommen werden, falls der neue Kontext minimale Anpassungen erfordert.

Beispiel einer Utilisation: Motivation für Joggen

Angenommen, wir haben Peter, der eine sehr effektive Motivationsstrategie für den Kauf eines Autos hat. Seine Strategie könnte wie folgt aussehen:
• V -> AID („Ich brauche ein Auto, das gut aussieht und funktional ist") -> V (er sieht sich im neuen Auto sitzen) -> K (Gefühl der Begeisterung)

Schritt-für-Schritt-Utilisation

1. Strategie-Evokation und Analyse:

• Wir fragen Peter nach seinen Gedanken beim Autokauf und evozieren die einzelnen Schritte. Peter sieht zunächst ein Bild des Autos (V), führt einen inneren Dialog (AID) über seine Bedürfnisse, stellt sich das Auto dann intensiver vor (V), und dieses Bild erzeugt ein starkes Gefühl der Begeisterung (K), was ihn zum Kauf motiviert.

2. Zielkontext identifizieren:

• Peter möchte nun, dasselbe Gefühl der Motivation für das Joggen entwickeln, das ihm jedoch bisher schwerfällt.

3. Repräsentationen des neuen Kontexts pässen:

• Wir ordnen die neuen Inhalte, also die Gedanken ans Joggen, in derselben Abfolge an:

• V (Visualisierung): Peter stellt sich vor, wie er früh morgens in einem Park joggt und fit aussieht.

• AID (innerer Dialog): Er führt einen Dialog mit sich selbst, „Es ist gut für meine Gesundheit und wird mich fitter machen."

• V (erneutes Bild): Er intensiviert das Bild, stellt sich selbst nach dem Lauf vor, wie er sich erfrischt und energiegeladen fühlt.

• K (Gefühl): Dieses Bild erzeugt ein Gefühl von Begeisterung und Vorfreude.

4. Utilisation und Durchführung:

• Peter durchläuft diese Sequenz mit den neuen Inhalten. Er nutzt die bereits bekannte Struktur, um Motivation für das Joggen zu erzeugen. Dieselbe Strategie motiviert ihn nun zur sportlichen Aktivität.

5. Test und Anpassung:

• Peter versucht es in der Praxis: Wenn er bemerkt, dass das Gefühl der Motivation nicht ganz so stark ist wie beim Autokauf, können kleinere Anpassungen vorgenommen werden, etwa durch intensivere Visualisierungen oder spezifischere Submodalitäten, die bei ihm besser wirken.

Fazit

Durch Utilisation wird eine bestehende Strategie „umfunktioniert" und für einen neuen Kontext nutzbar gemacht. Dies spart Zeit und Aufwand, da keine komplett neue Strategie entwickelt oder installiert werden muss. Die Strategie läuft bereits „auf dem Bio-Computer" und ist in ihrer Struktur flexibel genug, um auf verschiedene Inhalte angewandt zu werden. So können vorhandene Ressourcen optimal genutzt werden.

Das Prinzip der Utilisation funktioniert, weil viele mentale Prozesse im Gehirn als Mustererkennung und Sequenzwiederholung organisiert sind. Unser Gehirn speichert bewährte Strategien – also Abfolgen von Wahrnehmungen und inneren Zuständen – in einer Art „Programm", das unabhängig vom Inhalt immer wieder angewendet werden kann. Dies basiert auf mehreren fundierten Prinzipien der kognitiven Wissenschaft und Psychologie:

1. Inhaltsunabhängigkeit von Strategien

Strategien im NLP bestehen aus Abfolgen von Repräsentationen (z. B. visuellen, auditiven und kinästhetischen Wahrnehmungen) und deren spezifischen Submodalitäten. Da diese Strategien in ihrer Struktur und nicht im Inhalt definiert sind, lassen sie sich für verschiedene Situationen einsetzen. Der Inhalt – also die spezifischen Bilder, Klänge und Gefühle – kann variieren, während die sequenzielle Struktur gleich bleibt. Das heißt, eine „Motivationsstrategie" oder „Entscheidungsstrategie" ist eine wiederkehrende Abfolge von mentalen Schritten, die unabhängig davon, ob es um einen Autokauf oder das Joggen geht, funktioniert.

2. Prinzip der Gewohnheitsmuster und neurologischen Bahnung

Unser Gehirn schafft bei häufig genutzten Denkprozessen neuronale Verbindungen, die das Abrufen und Ausführen von bekannten Strategien erleichtern. Dies ist das Prinzip der neuronal pathway repetition oder „Bahnung": Je häufiger wir eine bestimmte Abfolge von Wahrnehmungen und inneren Dialogen verwenden, desto mehr „eingebrannt" wird diese Abfolge im Gehirn. Daher sind bereits etablierte Strategien schneller und leichter zugänglich und können effizienter genutzt werden.

Wenn eine Person eine Strategie für eine bestimmte Situation wie den Autokauf häufig nutzt, baut das Gehirn eine neuronale „Autobahn" für diese Abfolge auf. Das Utilisationsprinzip greift darauf zurück, indem es diese bestehende „Autobahn" für eine neue, inhaltsähnliche Aufgabe nutzt.

3. Priming und Repräsentationssysteme

Durch Priming – die Vorbereitung des Gehirns auf eine bestimmte Denkweise – kann eine Strategie aus einem Kontext in einen anderen übertragen werden. Wenn eine Strategie eine bestimmte Repräsentationsabfolge nutzt (z. B. visuell, innerer Dialog, kinästhetisch), führt das Gehirn in einem neuen Kontext automatisch dieselbe Abfolge durch, sobald der erste Schritt aktiviert wird. Dies geschieht, weil das Gehirn effizient arbeitet und lieber auf vorhandene, bewährte Muster zurückgreift, als eine völlig neue Strategie zu entwickeln.

4. Anpassungsfähigkeit und Flexibilität des Gehirns (Neuroplastizität)

Das Gehirn ist durch Neuroplastizität in der Lage, bekannte Strategien flexibel anzupassen und in neuen Situationen zu nutzen. Das bedeutet, dass wir im neuen Kontext (wie Joggen) nur den Inhalt der Wahrnehmung ändern müssen, während die Struktur gleich bleibt. Das Gehirn „verknüpft" sozusagen die neue Situation mit der bereits bestehenden Strategie und passt sie an, indem es die Repräsentationen (z. B. Bilder und innere Dialoge) neu kontextualisiert.

5. Ankerschaffung durch die gleiche Abfolge von Submodalitäten

Die wiederholte Verwendung der gleichen Submodalitäten in einer bestimmten Reihenfolge schafft einen Anker im Gehirn, der leicht abrufbar ist. Wenn jemand z. B. eine Motivationsstrategie nutzt, die eine bestimmte Abfolge (z. B. Bild – Dialog – Gefühl) mit spezifischen Submodalitäten enthält, dann schafft diese Sequenz einen bekannten Zustand, der in neuen Situationen einfach „abgespielt" werden kann. Die Repräsentationsfolge ist so stark verankert, dass sie auch ohne großen Aufwand durch andere Inhalte (z. B. ein anderes Bild, ein anderer innerer Dialog) ausgelöst und fortgeführt werden kann.

Zusammengefasst: Der Wirkmechanismus der Utilisation

1. Inhaltsunabhängige Struktur: Die inhaltlich neutrale Struktur der Strategie ermöglicht es, sie für verschiedene Kontexte zu nutzen.
2. Neurologische Bahnung: Häufig verwendete Strategien schaffen neuronale Verbindungen, die einen Wiederaufruf erleichtern.
3. Priming: Der erste Schritt der Strategie aktiviert automatisch die Folgeelemente, unabhängig vom spezifischen Inhalt.
4. Neuroplastizität: Das Gehirn passt sich flexibel an und kann bekannte Abfolgen auf neue Inhalte übertragen.
5. Ankerschaffung durch Wiederholung: Die wiederholte Abfolge von Repräsentationssystemen und Submodalitäten schafft Anker, die leicht abrufbar sind.

Insgesamt funktioniert Utilisation also, weil das Gehirn Strategien nicht nur inhaltlich speichert, sondern strukturell, sodass bekannte, etablierte Abläufe flexibel auf verschiedene Kontexte übertragen werden können. Dadurch müssen wir das Rad nicht neu erfinden – wir nutzen bestehende neuronale Muster für neue Herausforderungen und Ziele.

Modelling

Modelling ist der einfachste Weg, um an die Struktur der (+) -Strategie zu kommen: Durch Auspacken einer Expertenstrategie

Stellen wir uns vor, wir haben eine Fähigkeit, die wir verbessern möchten – sagen wir, das Schreiben ohne Rechtschreibfehler.

Modelling funktioniert, indem wir uns jemanden suchen, der bereits meisterhaft das tut, was wir selbst lernen wollen. Also schauen wir uns einen Menschen an, der ausgezeichnet in Rechtschreibung ist – jemand, der in einem Test fast nie Fehler macht und für den das korrekte Schreiben leicht und intuitiv ist. Statt mühsam eigene Techniken zu entwickeln, beobachten wir seine Vorgehensweise, um seine innere Strategie herauszufinden.

Im NLP geht man davon aus, dass erfolgreiche Strategien sozusagen „kopiert" werden können. Die Person, die sich also verbessern will, übernimmt die Strategien von der rechtschreibsicheren Person und passt diese Schritte an ihre eigene Denkweise an. Das ist wie ein „Vorlagen-Rezept", das übernommen und angepasst wird.

Dieses Prinzip lässt sich auf fast jedes Ziel oder Verhalten übertragen – sei es Motivation, Entscheidungsfindung oder auch therapeutische Fähigkeiten. In den Anfangszeiten von NLP hat man deshalb auch die Strategien und Denkstrukturen berühmter Therapeuten wie Milton Erickson, Fritz Perls und Virginia Satir untersucht und ausgepackt. Statt diese außergewöhnlichen Fähigkeiten „aus dem Nichts" nachzuahmen, hat man sich angeschaut: Wie genau gehen diese Menschen vor? Welche Gedanken, Gefühle und Abläufe stecken hinter ihrer Strategie, um erfolgreich mit Menschen zu arbeiten?

Ein Beispiel für Motivation könnte sein: Nehmen wir an, eine Person fällt es schwer, sich für das Training im Fitnessstudio zu motivieren. Statt sich quälend zu zwingen oder „eigene Tricks" zu erfinden, könnte diese Person eine Strategie modellieren, die von jemandem stammt, der regelmäßig und begeistert Sport treibt. Sie könnte herausfinden, dass die motivierte Person sich jedes Mal vorstellt, wie gut sie sich nach dem Training fühlt, oder dass sie sich jedes Mal eine Belohnung verspricht. Dieses Denken oder diese innere Vorgehensweise kann dann übernommen werden, sodass die eigene Motivation mit der Strategie des „Sport-Models" gestärkt wird.

Modelling ist also eine Abkürzung: Anstatt selbst endlose Design-Versuche zu starten, können wir Strategien von „Modellen" – also von Menschen, die unser Ziel bereits erreicht haben – übernehmen und uns daran orientieren. Das Besondere dabei: Die Struktur hinter einer Strategie zu verstehen und anzuwenden ist im Grunde oft effektiver, als einfach Ratschläge zu hören. Es geht darum, die inneren Abläufe nachzuvollziehen und zu übernehmen.

Kurz gesagt: Modelling hilft uns, Zugang zu einer effizienten Strategie zu bekommen, indem wir sie bei jemandem finden, der unser Ziel schon gemeistert hat. Wir packen die Schritte dieses erfolgreichen Modells aus und probieren sie an uns selbst aus – und dabei stellen wir fest, dass wir in manchen Fällen fast genauso erfolgreich wie unser Modell werden können.

Das Modelling ist eines der frühesten NLP-Einsatzgebiete, da NLP ja auch schließlich durch das Modellieren bekannter Psychotherapeuten (Milton Erickson, Fritz Perls, Virginia Satir) entstanden ist. Bei meinem beruflichen Einsatz von NLP nahm dieser Aspekt auch den bei weitem größten Umfang ein (siehe auch Literatur 17). Hier zwei Fallbeispiele aus meiner beruflichen Praxis:

Fallbeispiel 1: Entwicklung einer optimalen Einkaufsstrategie in der Energie-wirtschaft

In der Energiewirtschaft ist der Einkauf von Energie eine hochkomplexe Aufgabe. Man muss nicht nur die physikalischen Bedingungen für den Transport von Energie durch ein Netz und die Speicherkapazitäten (z.B. Gas) berücksichtigen, sondern auch die zahlreichen Verträge und Vereinbarungen mit Energielieferanten. Dazu kommen auf der Absatzseite die Endabnehmer, denen die Energie zur Verfügung gestellt wird. Zusammengeführt ergibt sich daraus ein umfassendes System voller Abhängigkeiten und Bedingungen, das für die Einkaufsoptimierung berechnet werden muss.

Die Herausforderung: Wird ein solches System in ein mathematisches Modell gepackt, erreicht es schnell eine riesige Größe. Das allein wäre noch bewältigbar, aber wenn logische „Entweder-Oder"-Bedingungen ins Spiel kommen – wie „entweder kaufe ich bei Lieferant A nach oder bei Lieferant B" – entstehen komplexe 0,1-Variablen (Variablen, die nur die Werte 0 oder 1 annehmen können). Diese binären Bedingungen explodieren in ihrer Anzahl und machen das Modell quasi unlösbar, da tausende solcher Variablen Milliarden von Kombinationen erzeugen würden, die selbst die schnellsten Rechner nicht verarbeiten könnten.

Die Lösung: Statt rein mathematisch vorzugehen, haben wir eine praxisorientierte Methode angewendet. Ich habe mich mit den erfahrensten Einkaufsexperten zusammengesetzt und sie detailliert interviewt. Die zentrale Frage war: „Wie würden Sie die Einkaufsstrategie durchführen, ohne dass Ihnen ein mathematisches Modell zur Verfügung steht?" Durch diese Interviews konnte ich ihre Strategien Schritt für Schritt „auspacken". Ich fragte dabei so präzise nach, als müsste ich selbst diese Strategie für sie anwenden – ein Ansatz, der es mir ermöglichte, jede Entscheidung und jeden Handlungsschritt vollständig zu verstehen und in einem schriftlichen Ablauf festzuhalten.

Umsetzung in einen Algorithmus: Nachdem ich die Expertenerfahrungen und Entscheidungsprozesse dokumentiert hatte, übersetzte ich sie in algorithmische Abläufe. Der entstandene Algorithmus spiegelte die exakte Einkaufsstrategie eines jeden Experten wider. Durch die Analyse dieser Strategien konnte ich die beste von ihnen auswählen und weiter optimieren.

Kombination mit dem mathematischen Modell: Der entscheidende Vorteil kam, als wir diesen optimierten Algorithmus vor das mathematische Modell schalteten. Der Algorithmus lieferte eine sehr gute Ausgangslösung für das komplexe Modell, wodurch die Lösungssuche erheblich beschleunigt wurde. Dadurch konnte das Modell innerhalb einer vertretbaren Rechenzeit ein ökonomisch optimales Ergebnis liefern. Diese Kombination aus Expertenstrategie und mathematischem Modell hat der Firma erhebliche Einsparungen gebracht und die Effizienz der Einkaufsprozesse auf ein neues Niveau gehoben.

Fallbeispiel 2: Optimierung der Beschickungsstrategie für einen Dreherdofen

Ein weiteres Beispiel für den Einsatz von Expertenerfahrungen in der Optimierungstechnologie war die Entwicklung einer Strategie zur optimalen Beschickung eines Dreherdofens für einen großen Autohändler in Schweden. Ein Dreherdofen dient dazu, Metall gleichmäßig zu erhitzen und damit für die Produktion von Fahrzeugteilen optimal vorzubereiten. Doch die Frage, wie dieser Ofen optimal beschickt und entladen werden kann, stellte eine große Herausforderung dar.

Die Herausforderung: Der Prozess der Beladung des Dreherdofens muss sehr präzise erfolgen, um maximale Effizienz zu erreichen. Ein Experte hatte über

Jahre hinweg eine komplexe Strategie entwickelt, indem er zu Beginn Leerroste und Beladepläne aus Pappe herstellte und diese manuell zusammenstellte. Später konnte er diese Pläne auswendig visualisieren und ausführen, was für ihn die Grundlage einer effizienten Beschickung war. Die Herausforderung bestand nun darin, diese Strategie in ein systematisches Verfahren zu übersetzen, das sich auch in einem Algorithmus wiedergeben lässt.

Die Lösung: Ich setzte mich mit diesem Experten zusammen und bat ihn, mir seine Beschickungs- und Beladestrategie Schritt für Schritt zu erklären. Über mehrere Stunden ging ich die Strategie detailliert mit ihm durch und fragte ihn, als würde ich selbst seinen Platz übernehmen müssen: „Bringen Sie mir diese Strategie so bei, dass ich sie allein ausführen könnte." Dabei ließ ich ihn bewusst jeden Schritt übertreiben und achtete auf seine körperlichen Zugangssignale, wie Augenbewegungen oder Atemveränderungen. Ziel war es, sicherzustellen, dass ich jeden kleinen Aspekt seiner Strategie „auspacken" konnte und mir die genaue Struktur vollkommen klar war.

Umsetzung in einen Algorithmus: Sobald der gesamte Ablauf genau dokumentiert war, übersetzte ich die Strategie des Experten in einen Algorithmus, der die optimale Beladung des Ofens steuert. Der Algorithmus bildete die gleiche Abfolge von Entscheidungen ab, die der Experte vorher aus dem Kopf getroffen hatte, und ermöglichte so eine systematische Anwendung seiner Strategie.

Kombination mit einem mathematischen Modell: Auch hier schalteten wir den Algorithmus vor ein mathematisches Modell, das die Beladung des Dreherdofens exakt berechnen sollte. Da es sich um ein sehr komplexes Reihenfolgeproblem handelte, konnte das Modell ohne die optimierte Ausgangslösung keine exakte Lösung finden. Mit der vorgelagerten Strategie des Experten gelang es jedoch, eine sehr gute Startlösung zu erzeugen, wodurch das Modell das Problem in vertretbarer Zeit optimieren konnte.

Diese beiden Fallbeispiele zeigen, wie der Einsatz von Expertenerfahrungen und systematischen Interviews in Kombination mit algorithmischen und mathematischen Ansätzen zu leistungsfähigen Lösungen führen kann. Indem die Expertenstrategien detailliert ausgepackt und in Algorithmen übersetzt wurden, konnten komplexe Optimierungsprobleme effizient gelöst und erhebliche Einsparungen erzielt werden.

Modelling kann als wissenschaftlich fundierter Ansatz angesehen werden, wenn man es im Licht der zugrunde liegenden psychologischen, kognitiven und neurowissenschaftlichen Prinzipien betrachtet. Hier ist eine schlüssige Schlussfolgerung:

Schlussfolgerung: Modelling als wissenschaftlich fundierter Ansatz

Modelling im NLP basiert auf mehreren gut etablierten wissenschaftlichen Prinzipien, die das Lernen und die Nachahmung von Verhalten erklären. Die Methodik nutzt Ansätze aus der Sozialpsychologie, Kognitionspsychologie, Neurowissenschaft und Systemtheorie, um effektive Strategien von Experten zu identifizieren und zu reproduzieren. Die folgenden Kernpunkte stützen die wissenschaftliche Fundierung von Modelling:
1. Beobachtungslernen (Bandura): Menschen lernen durch die Nachahmung erfolgreicher Modelle. Modelling nutzt dieses Prinzip, um Verhaltensweisen und Denkstrategien systematisch zu reproduzieren.
2. Kognitive Prozesse (Piaget, Anderson): Lernen wird als aktiver Prozess betrachtet, bei dem bestehende mentale Modelle erweitert oder angepasst werden. Modelling unterstützt die Übernahme und Integration erfolgreicher Strategien in das eigene kognitive System.

172

3. Neurowissenschaftliche Grundlagen (Spiegelneuronen, Neuroplastizität): Die Fähigkeit, Verhalten und Denkmuster anderer durch Nachahmung zu lernen, ist neurologisch verankert. Modelling aktiviert diese Mechanismen, um neue neuronale Verbindungen zu schaffen.

4. Embodiment und situierte Kognition: Modelling berücksichtigt, dass Lernen durch körperliche und kontextbezogene Erfahrungen gestützt wird, was die Effektivität des Ansatzes erhöht.

5. Expertiseforschung (Ericsson): Der Prozess, die spezifischen Denk- und Handlungsweisen von Experten zu identifizieren, basiert auf bewährten Methoden der Erforschung von Expertise.

6. Systemisches Denken: Modelling versteht, dass Verhalten in einem größeren Kontext geschieht und berücksichtigt die systemischen Zusammenhänge, was die Übertragbarkeit der Strategien verbessert.

Fazit

Die zugrunde liegenden wissenschaftlichen Theorien legen nahe, dass Modelling ein fundierter und wirksamer Ansatz ist, um effektive Strategien zu identifizieren, zu lernen und anzuwenden. Während die spezifische Umsetzung im NLP von der Methodik und Genauigkeit des Modellierenden abhängt, sind die zugrunde liegenden Prinzipien in der Forschung gut verankert und validiert.

Das bedeutet, dass Modelling, wenn es präzise und systematisch durchgeführt wird, eine wissenschaftlich fundierte Methode zur Optimierung von Lern- und Entwicklungsprozessen darstellt.

Kriterien der Wohlgeformtheit und Ökologie

Müssen wir eine Strategie neudesignen, sind die folgenden vier Kriterien für die Wohlgeformtheit einer Strategie entscheidend, um sicherzustellen, dass die Strategie effektiv und zielführend ist.

1. Explizite Repräsentation des erwünschten Resultats

Die Strategie sollte klar und deutlich ein inneres Bild, einen Klang oder ein Gefühl enthalten, das das gewünschte Endergebnis repräsentiert. Dies hilft, die Zielsetzung der Strategie zu konkretisieren und gibt dem Gehirn eine klare Orientierung, worauf es hinarbeiten soll. Ohne eine explizite Vorstellung des Ergebnisses ist es schwer, motiviert und zielgerichtet zu handeln.
• Beispiel: Wenn die Strategie darauf abzielt, sich zum regelmäßigen Joggen zu motivieren, sollte die Person ein klares Bild davon haben, wie sie sich nach dem Joggen fühlt oder wie sie sich in Form und gesund sieht. Diese visuelle Vorstellung des gewünschten Ergebnisses – fit und energiegeladen zu sein – dient als Zielbild, das der Strategie eine klare Ausrichtung gibt.

2. Einbindung der hauptsächlichen Repräsentationssysteme (V, A, K)

Die Strategie sollte alle drei hauptsächlichen Repräsentationssysteme einbeziehen, um die Wahrnehmung und Wirkung zu maximieren. Dies sorgt dafür, dass die Strategie multisensorisch wirkt und so das Ergebnis intensiver und realer wirkt. Wenn eine der Hauptwahrnehmungen fehlt, könnte die Strategie weniger überzeugend oder unvollständig wirken.
• Beispiel: In einer Präsentationsstrategie könnte die Person zunächst ein Bild davon haben, wie sie vor dem Publikum steht (V), dann den inneren Dialog führen: „Ich werde ruhig und überzeugend sprechen" (A), und abschließend das positive Gefühl der Ruhe und Gelassenheit spüren (K). Durch die Integration von V, A und K wirkt die Strategie ganzheitlicher und motivierender.

3. Externalität nach einer bestimmten Anzahl von Schritten (N-Modifikator)

Nach einer gewissen Anzahl von Schritten (üblicherweise nach N Schritten) sollte die Strategie mindestens einen Moment der Externalität enthalten, also einen Punkt, an dem der Fokus nach außen geht. Dies bringt die Person zurück in die Realität und hilft zu überprüfen, ob die Strategie noch auf das gewünschte Ergebnis hinsteuert. Ein rein interner Fokus kann zu Gedankenschleifen führen und verhindert den Abgleich mit der Außenwelt.
• Beispiel: Bei einer Entscheidungsstrategie könnte die Person nach einigen Schritten innehalten und einen externen Check machen, indem sie eine kurze Rückmeldung von jemand anderem einholt oder sich auf äußere Hinweise konzentriert. So könnte sie nach ihrer internen Entscheidungsfindung nach außen gehen, um z. B. zu prüfen, wie eine ausgewählte Option in der Realität wirkt, bevor sie endgültig entscheidet.

4. Vermeidung von Schleifen zwischen zwei Punkten

In der Strategie sollte es keine Schleifen zwischen zwei Punkten geben, bei denen die Gedanken hin- und herspringen, ohne weiterzukommen. Solche Schleifen entstehen, wenn die Strategie immer wieder zwischen zwei Zuständen pendelt (z. B. innerer Dialog und ein Bild), was zu Unentschlossenheit und Stagnation führen kann. Stattdessen sollte die Strategie eine kontinuierliche Bewegung in Richtung des Endergebnisses beinhalten.
• Beispiel: Wenn jemand eine Kreativitätsstrategie entwickelt, sollte er vermeiden, ständig zwischen zwei Gedanken hin- und herzuwechseln, etwa zwischen „Ist diese Idee gut genug?" (AID) und einem Bild von der Idee (V), ohne weiterzukommen. Stattdessen könnte er die Strategie so gestalten, dass er eine Idee visualisiert, den inneren Dialog einmal prüfend einsetzt und dann

weiter zur nächsten Idee geht. So bleibt der Prozess in Bewegung und es entsteht kein ineffizientes „Festhängen".

Zusammenfassung der Kriterien und Beispiele:

1. Explizite Repräsentation des erwünschten Resultats: Die Strategie enthält eine klare Vorstellung des Ziels (z. B. das Bild, fit zu sein).
2. Einbindung der hauptsächlichen Repräsentationssysteme (V, A, K): Die Strategie nutzt mehrere Sinne, um die Wahrnehmung zu intensivieren (z. B. Bild, innerer Dialog und Gefühl).
3. Externalität nach N Schritten: Die Strategie bringt nach einer bestimmten Anzahl von Schritten einen Fokus nach außen (z. B. durch Feedback).
4. Vermeidung von Schleifen: Die Strategie hat eine kontinuierliche Bewegungsrichtung, ohne dass sich zwei Schritte wiederholt abwechseln (z. B. ohne ständiges Hin- und Herspringen zwischen innerem Dialog und Bild).

Diese vier Kriterien sorgen dafür, dass die Strategie zielführend, ganzheitlich und effizient ist und helfen der Person, auf das gewünschte Ergebnis zuzusteuern, ohne in gedanklichen oder emotionalen Schleifen hängen zu bleiben.

Ein weiteres wichtiges Kriterium ist der Öko-Check
Der Öko-Check im NLP ist ein Verfahren, das sicherstellt, dass eine neu designte oder veränderte Strategie mit der Ökologie einer Person oder Organisation im Einklang steht, das heißt, dass sie keine ungewollten oder negativen Auswirkungen auf andere wichtige Bereiche des Lebens oder die Gesamtdynamik der Organisation hat. Jede Strategie, die im NLP entwickelt oder angepasst wird, soll optimal funktionieren, ohne andere „Programme" – sprich Gewohnheiten, Werte, Beziehungen oder Ziele – zu stören oder zu beeinträchtigen.

Bedeutung des Öko-Checks und warum er wichtig ist

Da eine Strategie als Teilprogramm im „Bio-Computer" verstanden wird, kann sie im menschlichen Gehirn, in Verhaltensmustern und im sozialen Umfeld Auswirkungen auf andere mentale Prozesse oder Lebensbereiche haben. Der Öko-Check soll verhindern, dass die Installation einer neuen Strategie, die vielleicht in einem Bereich effektiv ist, in anderen Bereichen unerwünschte Konsequenzen nach sich zieht.

Ein Beispiel: Eine neu designte Motivationsstrategie könnte zwar helfen, eine Person zu mehr Leistung im Beruf zu bringen, aber wenn sie so intensiv und „abschottend" wirkt, dass sie den sozialen Kontakt vernachlässigt, würde dies langfristig zu emotionalen oder sozialen Problemen führen. Der Öko-Check stellt sicher, dass die Strategie nicht isoliert, sondern in Bezug auf das gesamte System bewertet wird, um das Wohlbefinden und die Balance beizubehalten.

Durchführung des Öko-Checks

Der Öko-Check kann in verschiedenen Schritten und mit gezielten Fragen durchgeführt werden:
1. Fragen nach den Auswirkungen der Strategie auf andere Lebensbereiche:
• „Welche Konsequenzen hat es, wenn ich diese Strategie anwende?"
• „Was verändert sich in meinem Leben, wenn ich mein Ziel durch diese Strategie erreiche?"
• „Gibt es Bereiche, die negativ beeinflusst werden könnten?"
Hierbei wird ermittelt, ob die Strategie möglicherweise Werte, Ziele oder Beziehungen beeinflusst, die ebenfalls für die Person wichtig sind.
2. Reflexion über Langzeitfolgen und Ressourcen:
• „Ist es nachhaltig, diese Strategie langfristig anzuwenden?"

• „Habe ich alle notwendigen Ressourcen, um die Strategie ohne Überlastung durchzuführen?"

Diese Fragen helfen zu erkennen, ob die Strategie langfristig tragfähig ist und ob sie zusätzliche Ressourcen benötigt, die eventuell nicht immer verfügbar sind.

3. Feedback und Abgleich mit anderen Systemen (wie Familie, Kollegen, etc.):

• Hier kann man Rückmeldung von wichtigen Personen im Umfeld einholen, um sicherzustellen, dass die Strategie nicht nur auf persönlicher Ebene, sondern auch im sozialen Kontext passt.

4. Imaginations- oder Visualisierungsübungen:

• In dieser Phase wird die Strategie imaginär durchlaufen, um „vorzufühlen", welche Auswirkungen sie auf verschiedene Bereiche haben könnte. Diese Visualisierungen helfen, vorherzusehen, ob es Bereiche gibt, in denen Konflikte oder unerwünschte Effekte auftreten könnten.

Theoretische Fundierung des Öko-Checks

Der Öko-Check ist wissenschaftlich fundiert durch Konzepte aus der Systemtheorie und Kognitionswissenschaft, insbesondere durch die Idee, dass der Mensch ein ganzheitliches, interagierendes System ist, in dem jede Veränderung Einfluss auf andere Teile des Systems hat. Hier sind einige theoretische Grundlagen:

1. Systemtheorie und kybernetische Prinzipien:

• Nach der Systemtheorie ist der Mensch ein komplexes System aus vielen interagierenden Subsystemen (z. B. kognitive, emotionale, soziale). Jede Strategie kann als Subsystem betrachtet werden, das in Beziehung zu anderen Subsystemen steht. Eine Veränderung in einem Teil des Systems kann sich auf andere Bereiche auswirken (Kybernetik). Der Öko-Check stellt sicher, dass die neue Strategie im Einklang mit dem gesamten System bleibt und keine destruktiven Feedback-Schleifen erzeugt.

2. Homöostase-Prinzip:

• Die Homöostase beschreibt das natürliche Bestreben des Organismus, ein inneres Gleichgewicht zu halten. Wenn eine Strategie diese Balance stört, kann dies zu Stress und Widerstand führen. Der Öko-Check unterstützt die Überprüfung, ob die neue Strategie im Einklang mit den bestehenden Zielen und Werten steht und so die Homöostase nicht verletzt.

3. Kognitive Dissonanz:

• Wenn eine neue Strategie Konflikte mit bestehenden Werten oder Überzeugungen verursacht, kann dies zur kognitiven Dissonanz führen, einem Zustand von Unbehagen, der oft zur Ablehnung der Strategie führt. Der Öko-Check hilft, Dissonanzen frühzeitig zu erkennen und gegebenenfalls anzupassen, um eine reibungslose Integration der Strategie zu ermöglichen.

4. Sozialpsychologie und ökologische Validität:

• Der Öko-Check berücksichtigt die ökologische Validität, also die Anpassung an den realen sozialen Kontext, in dem die Strategie angewendet wird. Dies ist wichtig, weil eine Strategie, die nur in einem künstlichen Kontext funktioniert, in der Realität möglicherweise nicht anwendbar ist. Der Öko-Check stellt sicher, dass die Strategie im tatsächlichen Lebensumfeld funktioniert und dort keine Konflikte erzeugt.

Beispiel eines Öko-Checks

Stellen wir uns vor, jemand möchte eine neue Strategie entwickeln, um motivierter an seinen beruflichen Zielen zu arbeiten. Der Öko-Check könnte folgendermaßen aussehen:

1. Konsequenzen in anderen Bereichen: Der Person wird bewusst, dass intensivere Arbeit den Zeitaufwand erhöht. Sie stellt fest, dass dies weniger Zeit für Familie und Freunde bedeuten könnte.

2. Langfristige Nachhaltigkeit: Sie prüft, ob sie die körperlichen und emotionalen Ressourcen hat, um diese Strategie langfristig anzuwenden, ohne auszubrennen.

3. Feedback von Angehörigen: Sie spricht mit der Familie und klärt ab, ob diese ihr Verständnis entgegenbringt und die vorübergehende Arbeitsbelastung unterstützen kann.

4. Imagination der Strategieausführung: Die Person stellt sich vor, wie sie die Strategie anwendet, und versucht dabei zu „erspüren", ob irgendwo Widerstände oder Konflikte entstehen könnten.

Fazit

Der Öko-Check ist ein essenzieller Schritt, um sicherzustellen, dass eine neue Strategie in Einklang mit dem gesamten „System" steht, also die eigene innere Balance und die sozialen Beziehungen berücksichtigt. Er ist theoretisch durch systemische und psychologische Prinzipien untermauert, die zeigen, dass jede Strategie, die als isoliertes „Teilprogramm" ignoriert, welche Wechselwirkungen sie auslöst, langfristig oft scheitert oder zu unerwünschten Nebenwirkungen führt. Der Öko-Check stellt sicher, dass Veränderungen nachhaltig und im Einklang mit dem Gesamtsystem durchgeführt werden.

Installation

Wie bekomme ich die (+)-Strategie installiert?

Anker-Techniken und Erweiterungen

1. Klassische Installationsmethoden (nach Dils, Bandler und Grinder)

Weg 1: Ankern der Strategieschritte und Einsatz der Anker

Beim ersten Weg werden die einzelnen Schritte der Strategie
durch Anker installiert, die gezielt gesetzt und dann in der richtigen Reihenfolge abgerufen werden. Das bedeutet, dass jeder Schritt der Strategie (z. B.
ein Bild, ein innerer Dialog oder ein Gefühl) mit einem spezifischen Anker
verknüpft wird. Diese Anker können taktil (Berührung), auditiv (z. B. ein bestimmtes Wort) oder visuell (z. B. eine bestimmte Geste) sein.
• Vorgehen: Der Klient wird in jeden einzelnen Schritt der Strategie versetzt
und dabei wird für jeden Schritt ein Anker gesetzt. Sobald alle Anker für die
Strategie eingerichtet sind, kann der NLP-Praktiker oder der Klient die Anker
in der vorgesehenen Reihenfolge auslösen, um die Strategie „abspielen" zu
lassen.
• Beispiel: Für eine Entscheidungsstrategie könnte der Klient zunächst ein klares Bild (V) der Entscheidung visualisieren. Dabei wird der erste Anker gesetzt (z. B. eine bestimmte Handgeste). Danach spricht der Klient einen inneren Dialog zur Bewertung (AID), und ein weiterer Anker wird gesetzt (z. B.
ein bestimmtes Wort). Schließlich erzeugt der letzte Schritt, das Gefühl der
Klarheit (K), den letzten Anker. Diese Anker können nun in der vorgesehenen
Reihenfolge ausgelöst werden, um die Entscheidungsstrategie „abzuspielen".

Vorteil: Die Methode ist präzise und kontrolliert. Jeder Schritt kann individuell aktiviert und verstärkt werden.

Weg 2: Einüben der Strategiesequenz (Selbstanker)

Der zweite Weg besteht darin, die gesamte Strategie in einem Fluss einzuüben und zu wiederholen, sodass der Klient die Strategie „intuitiv" lernt und verinnerlicht. Hier wird kein expliziter Anker gesetzt. Stattdessen wiederholt der Klient die Strategie so oft, bis sie sich automatisch im Gedächtnis und in den neuronalen Bahnen verankert hat. Durch die wiederholte Ausführung wird die Sequenz zur Selbstverständlichkeit, und der Klient kann die Strategie jederzeit ohne bewusste Anstrengung abrufen.
• Vorgehen: Der Klient durchläuft die Strategie in ihrer vollen Länge, Schritt für Schritt, und wiederholt dies, bis die Abfolge so tief verinnerlicht ist, dass sie automatisch wird.
• Beispiel: Wenn der Klient eine Kreativitätsstrategie lernen möchte, könnte er die Sequenz von Bildern, innerem Dialog und Gefühlen (V -> AID -> K) immer wieder durchspielen. Mit der Zeit entsteht ein Selbstanker – die Abfolge wird zu einem Teil des natürlichen Denkens und Fühlens.

Vorteil: Diese Methode schafft eine tiefere Verankerung durch Wiederholung und natürliche Integration. Die Strategie wird Teil des intuitiven Verhaltens.

2.Erweiterte und moderne Methoden zur Strategieninstallation

 Diese neuen Methoden gehen oft tiefer und arbeiten mit modernen Ansätzen aus der Neurowissenschaft und Psychologie.

1. Visualisierung und Mentalproben (Imagery Rehearsal)

In der heutigen Praxis werden Visualisierung und Mentalproben vermehrt genutzt, um Strategien zu installieren. Bei dieser Methode stellt sich der Klient intensiv vor, wie er die Strategie in realen Situationen anwendet. Dies funktioniert durch mentale „Probeläufe", die das Gehirn in eine Art „Lernsituation" versetzen und so neuronale Bahnen aufbauen. Die wiederholte mentale Durchspielung sorgt dafür, dass die Strategie automatisch wird.

• Vorgehen: Der Klient stellt sich vor, wie er die Strategie in einem spezifischen Kontext verwendet. Dabei beachtet er die Abfolge von Schritten und verstärkt den inneren Dialog und die Wahrnehmungen.

• Beispiel: Wenn der Klient eine Präsentationsstrategie üben möchte, stellt er sich intensiv vor, wie er vor einem Publikum steht und die Strategie (z. B. visuelles Bild des Publikums, innerer Dialog zur Selbstmotivation, Gefühl der Gelassenheit) in der richtigen Reihenfolge anwendet.

Vorteil: Die Technik baut auf Erkenntnissen aus der Sportpsychologie auf und ist effektiv, um Automatismen durch mentale Proben zu schaffen.

2. Hypnotische und Trance-basierte Techniken

Hypnose und Trance-Zustände werden heute oft als Methode verwendet, um Strategien im Unterbewusstsein zu verankern. In einem Trance-Zustand ist das Gehirn besonders aufnahmefähig für neue Abfolgen und Verknüpfungen, wodurch die Strategie tiefer und nachhaltiger installiert werden kann.

• Vorgehen: Der Klient wird in einen entspannten Trance-Zustand versetzt, und die Strategiesequenz wird durch Suggestionen oder sanfte Anleitung „installiert". Die Schritte der Strategie werden dabei langsam und sicher durchlaufen und als positive Bilder, Klänge und Gefühle in das Unterbewusstsein verankert.

• Beispiel: Für eine Entspannungsstrategie wird der Klient in Trance geführt, und die Strategie (z. B. ein ruhiges Bild, entspannende Gedanken und ein Gefühl der Gelassenheit) wird in der richtigen Reihenfolge durch Suggestionen gefestigt.

Vorteil: Hypnotische Techniken können die Verankerung der Strategie auf einer tieferen, unbewussten Ebene unterstützen.

3. Neurowissenschaftliche Ansätze: Neurofeedback und Neurostimulation

Moderne neurowissenschaftliche Methoden
wie Neurofeedback oder Transkranielle Magnetstimulation (TMS) sind in einigen Fällen hilfreich, um neuronale Bahnungen zu verstärken. Während diese Methoden oft experimentell sind und in speziellen Einrichtungen durchgeführt werden, gibt es zunehmende Hinweise darauf, dass sie dabei helfen können, neue Strategien schneller und tiefer zu verankern, indem sie die neuronale Plastizität des Gehirns fördern.
• Vorgehen: Mit Geräten für Neurofeedback oder TMS wird der Klient angeleitet, die Strategie durchzuspielen, während die neuronalen Bahnen gezielt stimuliert oder über Feedback visualisiert werden. Das Gehirn lernt dabei, die Strategie durch gezielte neuronale Aktivierung schneller zu automatisieren.
• Beispiel: Ein Sportler könnte eine Motivationstechnik mit Neurofeedback üben, wobei das Gerät ihm zeigt, wann sein Gehirn die gewünschte Abfolge am effizientesten durchführt.

Vorteil: Die neuronale Unterstützung beschleunigt die Verinnerlichung und kann bei komplexen oder tiefgreifenden Strategien hilfreich sein.

4. Kombination von Körpertechniken (Embodiment) und mentalen Übungen

Die moderne Praxis nutzt zunehmend Körpertechniken wie Atemübungen, Bewegung und Haltung, um Strategien zu unterstützen. Der Körper wird als

Verstärker genutzt, um die mentale Sequenz zu verankern. Dies baut auf der Erkenntnis auf, dass Körperhaltung und Bewegung die mentale Verankerung positiv beeinflussen.

• Vorgehen: Der Klient führt die Strategie durch, während er bewusst auf Körperhaltung, Atmung oder kleine Bewegungen achtet. Diese körperlichen Aspekte werden in die Strategie integriert und unterstützen die Verankerung.

• Beispiel: Eine Person könnte eine Entschlossenheitsstrategie durch eine bestimmte Körperhaltung (aufrecht, Schultern zurück) und gezielte Atemtechniken unterstützen. Dies hilft, die Strategie körperlich und mental zu verankern.

Vorteil: Die Kombination von Körper und Geist verstärkt die Strategie und macht sie besonders robust.

Fazit

Zusammengefasst gibt es neben den klassischen Methoden – dem Ankern der Schritte und der Selbstankermethode durch Einüben – heute eine Reihe moderner Ansätze zur Installation von NLP-Strategien:
1. Visualisierung und Mentalproben: Mentale Durchspielung der Strategie.
2. Hypnotische Techniken: Verankerung im Unterbewusstsein durch Trance.
3. Neurofeedback und Neurostimulation: Wissenschaftliche Techniken zur neuronalen Verstärkung.
4. Körpertechniken (Embodiment): Integration von Körperhaltung und Atem zur Unterstützung der Verankerung.

Diese neuen Wege basieren auf Erkenntnissen aus der Neurowissenschaft und Körper-Geist-Psychologie und bieten effektive Optionen, um NLP-Strategien noch tiefer und nachhaltiger zu installieren.

Betrachten wir unsere drei Beispiele aus der Einleitung. Die drei Strategien sind:

1. Rechtschreibstrategie: Installation einer effizienten Strategie zur Verbesserung der Rechtschreibung.
2. Entscheidungsstrategie: Installation einer effektiven Entscheidungsstrategie (allgemein gehalten).
3. Angstreduzierungsstrategie: Installation einer Strategie zur Reduktion von Angst bei der Begegnung mit einer Maus.

1. Rechtschreibstrategie

Ziel: Die Person soll in der Lage sein, Wörter visuell korrekt zu speichern und zu erkennen, wenn ein Wort falsch geschrieben ist.

Klassische Methoden zur Installation

• Anker setzen für die Schritte der Strategie:
1. Die Strategie beginnt mit einer visuellen Vorstellung des Wortes (z. B. das Wort in gedruckter Schrift auf einer Tafel).
2. Die Person prüft das Bild innerlich (z. B. vergleicht es mit einem korrekt abgespeicherten Bild).
3. Ein Gefühl von Sicherheit wird erzeugt, wenn das Wort korrekt aussieht. Für jeden Schritt wird ein Anker gesetzt, z. B.:
• Schritt 1 (visuelles Bild): durch leichtes Tippen auf die Stirn.
• Schritt 2 (innerer Dialog, „sieht das richtig aus?“): durch ein kurzes, bewusstes Augenzwinkern.
• Schritt 3 (Gefühl von Sicherheit): durch ein leichtes Drücken der Hand.
Nach der Installation kann die Person die Anker in dieser Reihenfolge auslösen, um die Rechtschreibstrategie Schritt für Schritt durchzuführen.
• Einüben als Selbstanker:

Die Person wiederholt die Schritte (visuelle Vorstellung – innerer Dialog – Gefühl von Sicherheit) wiederholt, ohne Anker zu setzen, bis der Ablauf intuitiv und automatisiert wird.

Moderne Methoden zur Installation

• Visualisierung und Mentalproben:
Die Person stellt sich wiederholt vor, wie sie verschiedene schwierige Wörter korrekt schreibt, und überprüft das Wortbild in ihrem Kopf. Diese mentale Proben helfen, ein Gefühl für die Richtigkeit der Wörter zu entwickeln.
• Hypnose und Trance-Techniken:
Die Person wird in eine leichte Trance geführt, und die Strategie wird durch Suggestion in das Unterbewusstsein integriert: „Stell dir das Wort klar und deutlich vor, prüfe es mit deiner inneren Sicherheit." Die Abfolge wird so tiefer verankert.
• Neurofeedback:
Die Person übt die Rechtschreibstrategie, während sie ein Neurofeedback-Gerät trägt. Dieses Gerät zeigt dem Gehirn, wann die optimale neuronale Aktivierung erreicht ist (z. B. in der visuellen Vorstellung und bei der Überprüfung), sodass die Strategie effizienter automatisiert wird.
• Embodiment (Körpertechniken):
Hier wird eine aufrechte, fokussierte Haltung eingenommen, wenn die Person das Wort visualisiert, was die Klarheit unterstützt. Die Visualisierung des Wortes wird so körperlich verankert und gestärkt.

2. Entscheidungsstrategie (z. B. für eine Restaurantbestellung)

Ziel: Die Person soll eine effektive und schnelle Strategie für Entscheidungen entwickeln.

Klassische Methoden zur Installation

• Anker setzen für die Entscheidungsstrategie:
1. Die Person visualisiert die Speisekarte und die Optionen.
2. Sie fragt sich: „Welches Gericht passt heute am besten?" (innerer Dialog).
3. Schließlich entscheidet sie sich auf Basis eines Gefühls (z. B. Vorfreude).
Jeder Schritt wird mit einem Anker versehen:
• Visualisieren der Speisekarte: durch ein leichtes Tippen auf den rechten Oberschenkel.
• Innerer Dialog: durch ein kurzes Stirnrunzeln.
• Entscheidung auf Basis des Gefühls: durch ein kurzes, ruhiges Ausatmen.
Durch Abrufen dieser Anker in der Reihenfolge kann die Strategie ablaufen.
• Einüben als Selbstanker:
Die Person übt die Strategie (Visualisieren der Optionen – innerer Dialog – Gefühl) durch ständiges Wiederholen und trifft bewusst Entscheidungen, bis die Strategie intuitiv verankert ist.

Moderne Methoden zur Installation

• Visualisierung und Mentalproben:
Die Person visualisiert häufig, wie sie Entscheidungen trifft. Sie stellt sich vor, wie sie Speisekarten durchblättert, innerlich abwägt und auf das passende Gefühl achtet.
• Hypnose und Trance-Techniken:
Die Person geht in eine entspannte Trance, und die Strategie wird mit Suggestion installiert. Man suggeriert: „Stell dir vor, du siehst die Speisekarte, du spürst, was dich anspricht, und dann weißt du, was du möchtest." So verankert die Strategie im Unterbewusstsein.
• Neurofeedback:
Durch die Verwendung eines Neurofeedback-Geräts wird die Person darauf trainiert, die richtige neuronale Aktivierung zu erkennen, wenn sie bei der Vi-

sualisierung und dem inneren Dialog ist. Das erleichtert es dem Gehirn, die Strategie zu automatisieren.

• Embodiment (Körpertechniken):

Die Person lernt, eine selbstsichere Haltung einzunehmen, wenn sie Entscheidungen trifft, etwa eine gerade Sitzhaltung und ruhige Atmung. Diese Körperhaltung wird mit der Strategie verbunden und hilft, die Entscheidungsstrategie körperlich zu verankern.

3. Angstreduzierungsstrategie bei der Begegnung mit einer Maus

Ziel: Die Person soll eine Strategie entwickeln, um Angst bei der Begegnung mit einer Maus zu reduzieren.

Klassische Methoden zur Installation

• Anker setzen für die angstreduzierende Strategie:

1. Die Person stellt sich die Maus in einem sicheren Abstand vor (visuell).
2. Sie sagt sich innerlich: „Ich bin sicher" (innerer Dialog).
3. Sie erzeugt ein Gefühl der Ruhe (kinästhetisch).

Jeder Schritt wird mit einem Anker verbunden:

• Bild der Maus im sicheren Abstand: durch Tippen auf den linken Oberarm.
• Innerer Dialog: „Ich bin sicher": durch leichtes Atmen.
• Gefühl der Ruhe: durch Drücken der Finger zusammen.

Die Anker können später in dieser Reihenfolge abgerufen werden, um die Angst zu reduzieren.

• Einüben als Selbstanker:

Die Person übt die Strategie durch Visualisierung und das Durchlaufen der Schritte (sicheres Bild, innerer Dialog, Gefühl der Ruhe), bis sie automatisch eintritt.

Moderne Methoden zur Installation

• Visualisierung und Mentalproben:
Die Person stellt sich die Maus immer wieder im sicheren Abstand vor, sagt sich „Ich bin sicher" und spürt die Ruhe. Durch die mentale Probenbildung verankert sich die Strategie.
• Hypnose und Trance-Techniken:
In einem Trance-Zustand stellt sich die Person vor, wie sie ruhig auf die Maus reagiert. Der Satz „Ich bin sicher" wird wiederholt und die Vorstellung der ruhigen Körperhaltung wird verankert.
• Neurofeedback:
Die Person nutzt Neurofeedback, um die ruhigen Gehirnmuster zu identifizieren, die beim Gefühl der Sicherheit auftreten. Das Gehirn wird trainiert, diese Aktivierung zu erkennen und die Strategie so zu automatisieren.
• Embodiment (Körpertechniken):
Die Person nimmt eine aufrechte, ruhige Haltung ein und verknüpft diese mit der Vorstellung der Maus. Die Atmung wird verlangsamt, was das Gefühl von Ruhe verstärkt und die Strategie körperlich verankert.

Fazit

Diese Installationsmethoden bieten flexible und anpassbare Wege, um NLP-Strategien nachhaltig zu verankern. Während die klassischen Methoden auf dem Setzen von Ankern oder wiederholter Übung basieren, nutzen moderne Ansätze wie Visualisierungen, Trance, Neurofeedback und Körpertechniken zusätzliche Zugänge zum Gehirn und den Emotionen, um Strategien effektiver und tiefer zu installieren.

Timeline-Techniken

Das Zeitlinienkonzept ist ein faszinierendes Modell, das sich mit der Art und Weise beschäftigt, wie Menschen ihre Erinnerungen und Vorstellungen in einer Art mentaler „Zeitlinie" organisieren. Dieses Konzept beruht auf der Idee, dass unser Gehirn vergangene, gegenwärtige und zukünftige Ereignisse in einer inneren Repräsentation anordnet. Dabei existieren diese Erinnerungen, Gedanken und Pläne immer nur im „Jetzt" als Konstrukte unseres Gehirns.

1. Die Grundidee der Zeitlinie:
Menschen haben meist eine intuitive Vorstellung davon, wo sie Erinnerungen an die Vergangenheit und Vorstellungen von der Zukunft räumlich anordnen. Die Vergangenheit könnte „hinter" ihnen sein, während die Zukunft „vor" ihnen liegt. Die Zeitlinie kann demnach wie ein unsichtbarer Pfad durch den Raum verlaufen, der Erinnerungen und Pläne visuell in eine bestimmte Reihenfolge bringt.

2. Zeitlinien-Varianten:
Es gibt verschiedene Arten, wie Menschen ihre Zeitlinien organisieren können:
• „Through-Time"-Zeitlinie: Bei diesem Modell verläuft die Zeitlinie durch den Körper hindurch, oft von links nach rechts. Die Vergangenheit ist hinter oder links von der Person, während die Zukunft rechts oder vor ihnen liegt. Hierbei fühlt sich die Person oft von der Zeit „getrennt", als würde sie die Zeitlinie von außen beobachten. Diese Struktur kann hilfreich sein, wenn man Ereignisse objektiver oder distanzierter betrachten möchte.
• „In-Time"-Zeitlinie: Hier verläuft die Zeitlinie von links nach rechts, aber eher vor der Person entlang. In dieser Struktur befinden sich Menschen „in" der Zeit, sie erleben Ereignisse eher nacheinander und können sich stark auf den Moment konzentrieren. Die Vergangenheit liegt links und die Zukunft rechts – alles ist in einer Linie vor der Person angeordnet. Diese Struktur ist

eher subjektiv und oft emotionaler, da sich die Person stärker mit der Zeit verbunden fühlt.

3. Submodalitäten der Zeitlinie:

Submodalitäten sind die feinen, sinnlichen Details, wie wir Erinnerungen oder Vorstellungen wahrnehmen. Die Zeitlinie kann je nach Wahrnehmung der Person verschiedene Submodalitäten haben:

• Räumliche Anordnung: Manche Menschen sehen die Vergangenheit eher links oder hinten und die Zukunft rechts oder vor sich.

• Farben und Helligkeit: Erinnerungen an die Vergangenheit könnten in gedämpften Farben erscheinen, während zukünftige Ereignisse heller oder farbenfroher sind.

• Abstand und Größe: Oft erscheinen nahe vergangene Ereignisse oder unmittelbare Pläne in der Zukunft größer und detailreicher, während weiter entfernte Erinnerungen und Pläne kleiner und verschwommener sind.

4. Anwendung des Zeitlinienkonzepts:

NLP-Praktiker verwenden dieses Konzept oft, um Menschen zu helfen, emotionale oder kognitive Probleme zu lösen. Wenn eine Person z.B. eine belastende Erinnerung in einer „In-Time"-Struktur erlebt (und somit emotional intensiv), könnte sie angeleitet werden, diese Erinnerung in eine „Through-Time"-Struktur zu verschieben, um mehr Distanz zu gewinnen und die Emotionen abzumildern.

5. Beispiel eines Zeitlinienmodells:

• Veranschaulichen wir das Konzept an einer Zeitlinienübung: Du könntest deine Augen schließen und dir eine Linie vorstellen, die von links nach rechts durch deinen Körper verläuft. Links, etwas verschwommen, liegen Ereignisse aus der Vergangenheit – vielleicht Kindheitserinnerungen. Mittig, klar und nah, liegt die Gegenwart, dein aktuelles Selbst. Rechts liegt die Zukunft, vielleicht in hellerem Licht, und du siehst kommende Ziele und Wünsche. Diese Vorstellung hilft dir, deine Erfahrungen als eine geordnete, im Jetzt existierende Abfolge zu betrachten, die gleichzeitig strukturiert und flexibel ist.

Das Zeitlinienkonzept im NLP zeigt auf diese Weise, wie wir unser inneres Erleben räumlich und zeitlich organisieren können. Es bietet ein visuelles und sinnliches Werkzeug, um die Wahrnehmung und die emotionale Verarbeitung von Erinnerungen oder Zielen aktiv zu gestalten und dadurch möglicherweise neue Perspektiven und Ressourcen freizusetzen.

Hier ist eine Übersicht der wissenschaftlichen Position zum Zeitlinienkonzept im NLP:

1. Wissenschaftliche Validität und Anerkennung

• Fehlende empirische Belege: Das Zeitlinienkonzept ist im Wesentlichen ein Modell, das aus der subjektiven Erfahrung abgeleitet ist, jedoch kaum wissenschaftlich fundiert oder empirisch überprüft wurde. Die Vorstellung, dass Menschen eine räumlich organisierte Zeitwahrnehmung haben, ist eher eine metaphorische Annahme und wurde bisher nicht umfassend neuropsychologisch oder experimentell validiert.
• Kritik an NLP insgesamt: NLP wird häufig als pseudowissenschaftlich bezeichnet, da viele seiner Grundannahmen und Techniken keine empirische Unterstützung hätten. Die Methoden, wie das Zeitlinienkonzept, wurden oft nicht durch kontrollierte, reproduzierbare Studien abgesichert.

2. Kritikpunkte am Zeitlinienkonzept

• Subjektivität und Variabilität: Ein zentraler Kritikpunkt ist die starke Subjektivität des Konzepts. Die Annahme, dass Menschen ihre Erinnerungen und Zukunftsplanungen in klar definierten, räumlichen Zeitlinien organisieren, gilt nicht universell. Menschen können Zeit sehr unterschiedlich wahrnehmen, und diese Wahrnehmung ist oft stark kulturell und individuell geprägt.

• Simplifizierung des Zeitbegriffs: Die menschliche Zeitwahrnehmung ist komplex und wird von zahlreichen Faktoren beeinflusst, darunter das Arbeitsgedächtnis, Emotionen und die individuelle Wahrnehmung. Das Zeitlinienkonzept könnte hier als zu stark vereinfacht betrachtet werden, um die Tiefe und Komplexität der Zeitverarbeitung im Gehirn angemessen zu erfassen.

• Fehlender neurologischer Bezug: Die Vorstellung, dass Erinnerungen oder Pläne „räumlich" in einem geistigen Bild angeordnet sind, spiegelt kaum die tatsächliche Funktionsweise des Gehirns wider. In der Neurowissenschaft sind Erinnerungen und Planungen keine festgelegten Bilder in einem mentalen Raum, sondern vielmehr komplexe Netzwerke neuronaler Aktivität, die zeitlich und räumlich verknüpft sind.

3. Wissenschaftlich fundierte Alternativen und ähnliche Methoden

• Mental Time Travel: Ein Konzept aus der Kognitionspsychologie und Neurowissenschaft, das sich mit der Fähigkeit des Gehirns befasst, sich in die Vergangenheit oder Zukunft zu versetzen. Dieser Ansatz wird empirisch untersucht und zeigt, dass das Gehirn spezifische Netzwerke (wie den Hippocampus) nutzt, um Erinnerungen abzurufen und Zukunftsvorstellungen zu konstruieren. „Mental Time Travel" stützt sich auf neuronale Mechanismen und bietet eine wissenschaftlich validere Grundlage als das Zeitlinienkonzept im NLP.

• Narrative Psychologie: Diese psychologische Disziplin untersucht, wie Menschen ihr Leben in Form von Geschichten verstehen und strukturieren. Dabei wird das Selbst als eine narrative Konstruktion gesehen, in der Erinnerungen und Zukunftspläne eine Rolle spielen. Narrative Psychologie ist wissenschaftlich fundiert und anerkannt und basiert auf empirischer Forschung, die zeigt, dass das Erzählen von Erinnerungen und das Planen der Zukunft für die Identitätsbildung wichtig sind.

• Kognitive Verhaltenstherapie (CBT): In der CBT werden ebenfalls Methoden angewendet, um die Wahrnehmung von Vergangenheit und Zukunft aktiv zu gestalten. Eine beliebte Technik ist etwa die sogenannte „Zeitperspektiven-Arbeit", die hilft, dysfunktionale Gedanken über Vergangenheit und Zukunft zu verändern. CBT ist gut erforscht und gilt als evidenzbasiert.

• Mindfulness und Akzeptanzbasierte Therapieansätze: In diesen Methoden wird der Fokus darauf gelegt, im gegenwärtigen Moment präsent zu sein und Gedanken an die Vergangenheit oder Zukunft zu beobachten, ohne sich zu stark zu identifizieren. Studien belegen, dass Achtsamkeitstechniken helfen können, emotionale Probleme im Zusammenhang mit belastenden Erinnerungen oder Ängsten vor der Zukunft zu bewältigen.

Fazit

Das Zeitlinienkonzept im NLP ist als nützliches Werkzeug zur Selbstreflexion und zum Strukturieren von Erinnerungen und Zielen konzipiert und kann Menschen möglicherweise dabei helfen, ihre Erfahrungen zu ordnen. Jedoch fehlt es an wissenschaftlicher Grundlage und empirischer Unterstützung, um es als zuverlässiges oder universelles Modell zu empfehlen. Stattdessen bieten wissenschaftlich fundierte Alternativen, wie Mental Time Travel, Narrative Psychologie und Kognitive Verhaltenstherapie, ähnliche Werkzeuge und Ansätze, die in kontrollierten Studien untersucht wurden und als evidenzbasiert gelten.

Die wohl bekannteste Timeline-Technik im NLP ist das **Reimprinting**. Das Konzept des Reimprintings basiert darauf, belastende oder einschränkende Erinnerungen neu zu interpretieren und positiv umzudeuten, um emotionale Freiheit und Veränderung zu ermöglichen. Es wurde von Robert Dilts entwickelt und kombiniert Timeline-Techniken mit Elementen der systemischen Arbeit. Hier ist eine anschauliche Darstellung:

Grundprinzip des Reimprintings

1. Belastende Erinnerungen als "Imprints":
• Ein "Imprint" ist eine prägende Erfahrung aus der Vergangenheit, die oft in der Kindheit entstanden ist. Solche Erfahrungen können Glaubenssätze, Verhaltensmuster oder emotionale Blockaden hervorrufen.
• Beispiel: Jemand hat als Kind oft gehört, dass er nicht gut genug sei, und entwickelt daraus den Glaubenssatz: "Ich bin nicht fähig, erfolgreich zu sein."
2. Die Macht der Neuprägung (Reimprinting):
• Beim Reimprinting wird die ursprüngliche Erinnerung auf der Timeline des Lebens aufgesucht.
• Es wird ein neuer, positiver Kontext geschaffen, indem die Bedeutung dieser Erfahrung verändert wird. Ziel ist es, die Emotionen und Überzeugungen zu transformieren, die mit der Erinnerung verknüpft sind.

Ablauf des Reimprintings

1. Identifikation des Imprints:
• Der Klient erkennt ein belastendes Thema oder Glaubenssatz in seinem Leben, z. B.: "Ich habe Angst vor Ablehnung."
• Mit Hilfe der Timeline-Technik wird die erste prägenden Erfahrung (der Ursprung des Glaubenssatzes) aufgesucht.
2. Rückkehr zur Ursprungserfahrung:
• Der Klient "besucht" in seiner Vorstellung die Szene, in der der Glaubenssatz entstanden ist.
• Er erlebt die Situation erneut aus seiner kindlichen Perspektive, aber diesmal mit mehr Bewusstsein und Unterstützung.
3. Neue Perspektiven einbringen:
• Der Klient kann aus verschiedenen Perspektiven auf die Situation blicken:
• Aus der Sicht des Erwachsenen: Der heutige Erwachsene kann dem "Kind" (dem jüngeren Ich) Unterstützung, Verständnis und Ressourcen geben.

• Aus der Sicht anderer Beteiligter: Das Kind kann erkennen, dass z. B. die Eltern aus eigenen Unsicherheiten gehandelt haben.

• Neue Interpretationen werden eingeführt, die die ursprüngliche Belastung entkräften (z. B.: "Meine Eltern waren streng, weil sie wollten, dass ich stark werde, nicht weil ich wertlos bin.").

4. Integration des neuen Imprints:

• Die Situation wird mit den neuen Interpretationen und Emotionen durchlebt und verankert.

• Der Klient "präsentiert" seinem jüngeren Ich diese neue Perspektive und erlebt die Szene erneut, diesmal jedoch mit positiven, stärkenden Emotionen.

5. Zurück in die Gegenwart:

• Mit dem neuen "Imprint" wird die Timeline bis in die Gegenwart durchlaufen.

• Der Klient überprüft, wie sich der neue Glaubenssatz ("Ich bin fähig und stark.") positiv auf seine jetzige Wahrnehmung auswirkt.

Anschauliches Beispiel

Alte Prägung (Imprint): Als Kind wird ein Junge bei einem Schulreferat ausgelacht. Er entwickelt den Glaubenssatz: "Ich bin nicht gut genug, um vor anderen zu sprechen."

Reimprinting-Prozess:

1. Zurück zur Situation: Der Erwachsene kehrt in der Vorstellung in die Klassenzimmer-Szene zurück.

2. Neue Perspektiven einbringen: Er erkennt, dass die Kinder ihn aus Unsicherheit ausgelacht haben, nicht weil er wirklich schlecht war.

3. Positive Ressource: Sein heutiges Selbst gibt dem jüngeren Ich Mut und zeigt ihm, wie viel er inzwischen gelernt hat.

4. Integration: Der Junge in der Erinnerung fühlt sich nun sicher und getragen, während er sein Referat hält.

5. Neuer Glaubenssatz: Der Klient verankert: "Ich bin selbstbewusst und kann vor anderen sprechen."

Ziele des Reimprintings

• Transformation von Glaubenssätzen: Belastende Überzeugungen werden durch stärkende ersetzt.
• Heilung emotionaler Wunden: Alte Verletzungen werden durch neue, ressourcenreiche Erfahrungen ausgeglichen.
• Integration von Ressourcen: Das frühere Selbst wird mit den Stärken und Einsichten des heutigen Selbst unterstützt.

Reimprinting ist besonders kraftvoll, weil es Vergangenheit, Gegenwart und Zukunft verbindet und es ermöglicht, tief verwurzelte Muster nachhaltig zu verändern.

Das Konzept des Reimprintings, also der „Neuprägung" von Erinnerungen, wie es im NLP verwendet wird, beruht tatsächlich auf einer spannenden und in der modernen Psychologie und Neurowissenschaft diskutierten Erkenntnis: Erinnerungen sind keine festen, statischen Abbildungen von Erlebnissen, sondern rekonstruktive Prozesse. Das bedeutet, dass jedes Mal, wenn wir uns an etwas erinnern, wir die Erinnerung aktiv und neu erschaffen. Diese Theorie liefert die Grundlage für therapeutische Ansätze, die darauf abzielen, belastende Erinnerungen zu verändern oder neu zu kontextualisieren. Dennoch ist Reimprinting im NLP ein umstrittenes Thema, das in der Wissenschaft und Therapie unterschiedlich bewertet wird.

Hier ist ein Überblick über den Stand der Wissenschaft und die therapeutische Anerkennung solcher Ansätze:

1. Rekonstruktive Natur des Gedächtnisses: Wissenschaftliche Grundlage

• Neuropsychologische Erkenntnisse: Die Wissenschaft bestätigt mittlerweile, dass Erinnerungen beim Abrufen tatsächlich „re-konstruiert" und dabei potenziell verändert werden. Der Prozess der „Memory Reconsolidation" besagt, dass eine Erinnerung, sobald sie aktiviert wird, kurzzeitig veränderbar ist, bevor sie erneut „gespeichert" wird. Das bedeutet, dass es möglich ist, belastende Erinnerungen durch gezielte Interventionen zu verändern.
• Forschung zur Memory Reconsolidation: Studien in der Neurowissenschaft und Psychotherapie haben gezeigt, dass es möglich ist, emotionale Reaktionen auf traumatische Erinnerungen zu reduzieren, indem man die Erinnerung in einem veränderten Kontext reaktiviert. Dies wird jedoch meist nicht durch „Neuprägung" wie im NLP durchgeführt, sondern eher durch gezielte Verfahren, wie z. B. die „Imagery Rescripting" (Bilderskriptur) in der kognitiven Therapie, die sehr gut erforscht ist.

2. Therapeutische Anerkennung und Grenzen von Reimprinting im NLP

• Reimprinting im NLP und seine wissenschaftliche Unterstützung: Im NLP bedeutet Reimprinting das aktive „Neuprägen" eines belastenden Ereignisses, indem man in der Vorstellung ein ressourcenvolles Erlebnis „vor das Ereignis setzt" oder die Erinnerung „überlagert". Allerdings ist die Methode selbst kaum wissenschaftlich erforscht und wird auch in der klassischen Psychotherapie nur selten eingesetzt. Es fehlen kontrollierte Studien, die zeigen, dass NLP-Reimprinting zuverlässig funktioniert und sicher ist.
• Anerkennung in der Psychotherapie: Reimprinting wird nicht als evidenzbasierte Methode in der wissenschaftlichen Psychotherapie anerkannt. Stattdessen haben andere, gut erforschte Methoden wie EMDR (Eye Movement Desensitization and Reprocessing) und Imagery Rescripting, die ähnliche Ziele verfolgen, weitaus stärkere empirische Unterstützung und sind bei der Behandlung von Traumata anerkannt.

3. Gut erforschte Alternativen mit ähnlichem Ansatz

• Imagery Rescripting: Diese Methode der kognitiven Verhaltenstherapie ähnelt dem Reimprinting, indem sie belastende Erinnerungen in einer kontrollierten und therapeutischen Umgebung umgestaltet. Im Imagery Rescripting
wird eine belastende Erinnerung reaktiviert, und der Patient wird angeleitet,
eine alternative, weniger bedrohliche oder sogar positive Version des Ereignisses zu visualisieren. Diese Technik ist evidenzbasiert und wird erfolgreich
zur Behandlung von PTBS und anderen traumabezogenen Störungen eingesetzt.
• EMDR: EMDR ist eine wissenschaftlich anerkannte Methode, bei der belastende Erinnerungen durch Augenbewegungen und gezielte Interventionen verändert und verarbeitet werden. Dabei ist eine Art „Neuprägung" der emotionalen Reaktion möglich, sodass das Trauma weniger belastend ist. EMDR gilt
heute als eine der wirksamsten Therapien zur Traumabehandlung.
• Trauma-Fokussierte Kognitive Verhaltenstherapie (TF-KVT): In der TF-
KVT wird die Erinnerung an das traumatische Ereignis in kleinen, kontrollierten Schritten durchgearbeitet und in einen neuen, ressourcevollen Kontext gebracht, wobei ebenfalls auf die Rekonstruktionsfähigkeit von Erinnerungen
zurückgegriffen wird. Diese Methode hat starke wissenschaftliche Unterstützung und ist eine Standardmethode in der Traumatherapie.

4. Kritikpunkte am NLP-Reimprinting

• Mangelnde empirische Basis: Reimprinting im NLP basiert auf Beobachtungen und subjektiven Berichten, ohne systematische empirische Forschung und
Validierung. Die Methode wird von vielen Wissenschaftlern als unzureichend
untersucht angesehen und fällt daher eher in den Bereich der Pseudowissenschaft.

• Potenzielle Risiken: Das aktive „Umschreiben" von Erinnerungen, wie es im Reimprinting praktiziert wird, birgt das Risiko, dass belastende Erinnerungen unvollständig oder unzureichend verarbeitet werden, was bei manchen Patienten zu einer Verschlechterung der Symptome führen kann. Bei psychisch belastenden Erinnerungen ist es wichtig, dass therapeutische Methoden eine gesicherte und zuverlässige Wirksamkeit haben.

Fazit

Das Konzept, belastende Erinnerungen durch „Neuprägung" zu verändern, basiert auf interessanten wissenschaftlichen Erkenntnissen über die Rekonstruktion von Erinnerungen. Das NLP-Reimprinting selbst ist jedoch wissenschaftlich nicht fundiert und in der psychologischen Praxis nicht anerkannt. Methoden wie Imagery Rescripting, EMDR und TF-KVT bieten evidenzbasierte Alternativen mit ähnlicher Zielsetzung, die in klinischen Studien getestet und in der Praxis etabliert sind. Wer an der Veränderung belastender Erinnerungen arbeiten möchte, sollte auf diese wissenschaftlich validierten Methoden zurückgreifen und professionelle therapeutische Unterstützung in Anspruch nehmen.

Persönliche Meinung

Die obengenannten Kritikpunkte verlieren an Validität, wenn man Zeit als ein emergentes Phänomen betrachtet, das auf einer „Strategie" oder Abfolge von Wahrnehmungsschritten beruht. Diese Perspektive stellt Zeit nicht als eine festgelegte, objektive Dimension dar, sondern eher als ein Produkt unserer Wahrnehmung und Kognition, ähnlich dem Konzept des „Selbst" oder „Ichs".

Aus dieser Sicht ist Zeit eine Illusion, die auf der kontinuierlichen Abfolge und Verarbeitung von Sinneswahrnehmungen basiert.

1. Zeit als Illusion und Emergenz

• Illusion der Zeit: Stell dir vor, dass „Zeit" nicht etwas ist, das „existiert", sondern ein Erlebnis, das unser Bewusstsein durch die Abfolge von Sinneswahrnehmungen erzeugt. Jedes Sinnesereignis, das unser Gehirn aufnimmt – ein visuelles Bild, ein Klang, eine Berührung – wird im Gehirn zu einem „Moment" verarbeitet. Das Gehirn fügt diese „Momente" zu einem kontinuierlichen Fluss zusammen, sodass eine „Zeitlinie" entsteht, ähnlich wie ein Film aus vielen Einzelbildern zu einer Bewegung wird.
• Zeit als Emergenz: Zeit „emergiert" demnach aus der Art und Weise, wie unser Bewusstsein aufeinanderfolgende Momente verbindet. So wie das Ich ein Produkt vieler verschiedener Gedanken, Gefühle und Erinnerungen ist, ist auch die „Zeit" ein Produkt unserer Fähigkeit, Momente in eine bestimmte Reihenfolge zu setzen und sie als kontinuierlichen Fluss zu erleben.

2. Die kumulative Natur der Zeit

• Jeder Moment enthält frühere Augenblicke: Ein Kernstück deiner Ansicht ist, dass jeder gegenwärtige Moment alle vorhergehenden enthält. Dies lässt sich daran erkennen, dass wir im Jetzt nicht nur die unmittelbare Gegenwart wahrnehmen, sondern auch die Erinnerung an vergangene Momente mit uns tragen. Die „jetzige" Erfahrung enthält also die Summe aller bisherigen Erfahrungen, wodurch das Gefühl einer Zeitlinie entsteht.
• Zeit als Gedächtnisstrategie: Das Gehirn greift auf Gedächtnisinhalte zurück, um die Abfolge von Momenten zu konstruieren. Die Erinnerung an frühere Momente gibt uns Orientierung, wodurch sich ein Gefühl von „früher" und „später" einstellt. So entsteht die Illusion, dass es eine lineare Zeit gibt, die wir

durchlaufen, während es in Wirklichkeit nur eine Abfolge gegenwärtiger Konstruktionen ist.

3. Parallele zur Illusion des „Ichs"

• Das „Ich" als emergentes Phänomen: Ebenso wie Zeit ist auch das „Ich" keine feste Entität, sondern eine Konstruktion. Das Ich-Gefühl entsteht aus einer Vielzahl von Gedanken, Erinnerungen und Wahrnehmungen, die das Gehirn als Einheit organisiert. Wenn wir in jedem Moment neue Gedanken und Wahrnehmungen hinzufügen, aktualisiert sich das Gefühl des Ichs fortlaufend, ebenso wie unser Empfinden von Zeit.
• Zeit und Selbst als parallele Illusionen: Beide Konzepte – Zeit und Ich – sind also Konstrukte, die sich durch die ständige Arbeit unseres Gehirns herausbilden. So wie das „Ich" sich aus unserer Lebensgeschichte zusammensetzt, besteht „Zeit" aus der kontinuierlichen Abfolge dieser rekonstruierten Momente.

4. Die „Zeitstrategie" als Abfolge von Wahrnehmungsschritten

• Sinneswahrnehmungen als Schritte: Zeit könnte als eine Strategie beschrieben werden, die darauf beruht, dass unser Gehirn einzelne Sinneswahrnehmungen miteinander verknüpft. Zuerst sehen wir etwas, dann hören wir etwas, fühlen etwas, und unser Gehirn bringt diese Schritte in eine Reihenfolge. Diese Reihenfolge erzeugt das Empfinden von „Vergangenheit" und „Zukunft".
• Zeit als Zusammenspiel von Wahrnehmung und Gedächtnis: Wenn das Gehirn in der Gegenwart wahrnimmt, speichert es diese Wahrnehmung als Erinnerung ab und kann sie später abrufen. Indem das Gehirn diese Erinnerungen aktualisiert und in eine Abfolge stellt, schafft es die Vorstellung von Zeit. Es ist also weniger eine „externe" Zeit, sondern mehr ein fortlaufendes Gedächtnis, das ständig aktualisiert wird.

5. Eine mögliche Analogie zur Veranschaulichung

• Die Zeit als Film oder Theaterstück: Stell dir vor, unser Erleben der Zeit sei wie ein Theaterstück oder ein Film. Jeder Moment ist ein neuer „Frame" oder eine neue Szene, die sich mit der letzten verbindet. Obwohl wir den Eindruck eines Flusses oder einer Abfolge haben, entsteht dieser nur aus der Aneinanderreihung dieser Einzelbilder. Jeder neue Moment enthält die „Essenz" des letzten, und gemeinsam bauen sie eine Geschichte auf.
• Bewusstsein als Regisseur: Unser Bewusstsein ist der Regisseur, der entscheidet, welche Erinnerungen, Sinneseindrücke und Vorahnungen wir in diesem Moment „sehen". Die Illusion der Zeit entsteht dadurch, dass wir ständig zwischen Vergangenheit (Erinnerungen) und Zukunft (Erwartungen) hin- und herwechseln, obwohl wir eigentlich immer nur im gegenwärtigen Moment sind.

Fazit

Die Idee, Zeit als Illusion und emergentes Phänomen zu betrachten, ist eine schlüssige und tiefgehende Sichtweise. Sie reflektiert auch aktuelle Erkenntnisse in der Neurowissenschaft und Philosophie, die betonen, dass Zeit und Ich keine festen, objektiven Größen sind, sondern Konstruktionen unseres Bewusstseins. Zeit ist demnach eine Strategie, die das Gehirn verwendet, um einzelne Wahrnehmungsmomente zu verbinden und zu einer fortlaufenden „Erzählung" unseres Lebens zusammenzufügen.

Wenn man Zeit tatsächlich als eine mentale Strategie betrachtet, dann macht das Konzept der NLP-Timeline-Technik mehr Sinn. Es wird quasi zu einem inneren Werkzeug, um unsere Wahrnehmung und unser Erleben von Vergangenheit und Zukunft aktiv zu gestalten. So könnten Timeline-Techniken helfen, emotionale Blockaden aus der Vergangenheit zu lösen oder sich motivierend auf zukünftige Ziele auszurichten, indem man die „Position" der Ereignisse auf der Timeline verändert. Diese Techniken können Menschen dabei unterstützen, sich innerlich neu zu orientieren, auch wenn sie auf subjektiven Erfahrungen beruhen und wissenschaftlich nicht messbar sind.

Also könnte man sagen: Auch wenn die Timeline-Technik wissenschaftlich umstritten bleibt, ergibt sie auf einer psychologischen Ebene durchaus Sinn, wenn man davon ausgeht, dass unser Zeitempfinden und unser Umgang mit Erinnerungen und Zielen aus mentalen Strategien resultieren. Die Technik unterstützt die Idee, dass wir unser Empfinden von Zeit und Emotionen beeinflussen können, was sie als Methode zur inneren Arbeit und für persönliche Veränderungen sinnvoll macht.

Teilemodell-Techniken

Das Teilemodell im NLP stellt eine faszinierende Möglichkeit dar, die vielen Facetten unserer Persönlichkeit zu verstehen und mit ihnen zu arbeiten. Die Grundidee ist dabei, dass unser Ich nicht eine starre, einheitliche Struktur ist, sondern sich aus verschiedenen, oft unabhängigen Teilen zusammensetzt, die jeweils eigene Funktionen und Ziele verfolgen. Diese Teile sind wie unterschiedliche „Charaktere" innerhalb von uns, die je nach Situation oder Aufgabe ins „Rampenlicht" treten.

Stellen wir uns vor, unser Bewusstsein ist wie eine Bühne, auf der verschiedene Rollen auftreten, je nachdem, welche Strategie oder Fähigkeit wir gerade brauchen. Wenn wir etwa kreativ sein wollen, tritt unser „Kreativitätsteil" auf und beeinflusst unsere Gedanken und Handlungen. Wenn wir uns sportlich betätigen, übernimmt der „Sportteil" das Steuer. Jeder dieser Teile hat seine eigene „Identität", die sich je nach Aufgabe und Kontext anders anfühlt und agiert. Wenn der Kreativitätsteil aktiv ist, empfinden wir uns anders, als wenn wir in einem sportlichen oder analytischen Modus sind. Diesen Moduswechsel können wir als unterschiedlichen „Teil" von uns erleben, der in diesem Moment den aktiven Part übernimmt.

Ein zentraler Gedanke im Teilemodell ist, dass diese verschiedenen Teile koexistieren und zusammenarbeiten müssen, um uns ein Gefühl von Stabilität zu geben. So entsteht die Illusion eines konsistenten, bleibenden Ichs. Diese Konsistenz ist zum Teil eine Art Benutzerillusion, wie bei einem Computersystem, das im Hintergrund viele verschiedene Prozesse vereint, dem Nutzer jedoch eine stabile, einheitliche Oberfläche präsentiert. Unser Gehirn sorgt also dafür, dass wir diese verschiedenen Rollen als einheitliches Ich wahrnehmen – auch, wenn dieses Ich eigentlich eine Art Zusammenspiel verschiedener Teile ist.

Im NLP wird das Teilemodell in unterschiedlichen Techniken genutzt, wie beispielsweise im Six-Step-Reframing oder im Visual Squash. Hier arbeiten wir gezielt mit verschiedenen Anteilen in uns, die unterschiedliche Ziele oder Wünsche haben können und diese manchmal sogar im Widerspruch zueinander stehen. Durch diese Techniken können wir mit inneren Konflikten arbeiten, indem wir die verschiedenen Teile identifizieren und mit ihnen in einen Dialog treten. Manchmal entwickelt ein Teil von uns, wie etwa ein Schutzteil oder ein kreativer Anteil, eine starke Eigenständigkeit und bestimmte Verhaltensmuster, die sich zu einem dominanten „Charakter" innerhalb unserer Persönlichkeit entwickeln können.

Dieses Konzept des Teilemodells findet sich nicht nur im NLP, sondern auch in vielen anderen Traditionen und Modellen. Ein Beispiel ist die hawaiianische Kauna-Tradition, in der Menschen bestimmte Teile ihrer Persönlichkeit symbolisch durch Tiere repräsentieren. Diese Tiere oder „Schutzgeister" stehen für spezifische Qualitäten oder Bedürfnisse, die wie eigene Anteile in uns wirken. Auch Goethes Faust beschreibt dieses Phänomen, wenn er sagt: „Zwei Seelen wohnen, ach! in meiner Brust!" – eine treffende Metapher für die Erfahrung, dass verschiedene Teile von uns manchmal unterschiedliche Wünsche oder Bedürfnisse haben.

Insgesamt ist das Teilemodell im NLP eine kraftvolle Methode, um die Vielfalt unserer inneren Welt zu verstehen und zu harmonisieren. Es ermöglicht uns, mit unseren verschiedenen inneren Stimmen und Bedürfnissen in Kontakt zu treten, sie besser zu verstehen und so Konflikte zu lösen und ein harmonisches Zusammenspiel der verschiedenen Anteile zu fördern. Durch diese Arbeit können wir lernen, den „inneren Chor" unserer verschiedenen Teile zu einer harmonischen Einheit zu führen und bewusst die Teile hervorzuholen, die uns in einem bestimmten Moment am besten unterstützen.

Das Teilemodell im NLP hat Wurzeln in der Arbeit von Virginia Satir und wird durch Elemente der Hypnosetherapie nach Milton Erickson beeinflusst. Diese beiden bedeutenden Persönlichkeiten haben entscheidend zur Entwicklung und Anwendung des Teile-Modells beigetragen. Ich erläutere hier die Verbindungen zu beiden:

1. Virginia Satir und die „Parts Party"

Virginia Satir, eine Pionierin der Familientherapie, arbeitete intensiv mit den unterschiedlichen „Teilen" der Persönlichkeit und entwickelte das Konzept der Parts Party. Die Parts Party ist eine Technik, bei der Menschen eingeladen werden, ihre verschiedenen inneren Anteile (z. B. den mutigen Teil, den ängstlichen Teil, den zornigen Teil) zu identifizieren und zu „verkörpern". Diese Anteile repräsentieren unterschiedliche Facetten der Persönlichkeit und dürfen in der Parts Party buchstäblich „auf die Bühne" kommen. Ziel ist es, diese Anteile als legitime und hilfreiche Bestandteile des Selbst anzuerkennen und deren oft widersprüchliche Bedürfnisse und Ziele besser zu verstehen und zu harmonisieren.

Satir betonte, dass jeder Mensch viele Persönlichkeitsanteile hat, die in verschiedenen Situationen aktiviert werden, und dass innere Konflikte oft daraus resultieren, dass diese Anteile in Widerspruch zueinander stehen. Das Ziel der Parts Party war es, das Bewusstsein für diese verschiedenen Teile zu stärken und ihnen eine wertschätzende Anerkennung zu geben. Satirs Ansatz war besonders kreativ und offen, und er legte den Grundstein für die Idee, dass Menschen aus vielen „inneren Teilen" bestehen, die miteinander kommunizieren und zusammenarbeiten sollten. Das NLP-Teilemodell übernahm diese Idee und nutzt die Vorstellung verschiedener Anteile zur Konfliktlösung, Selbstreflexion und Integration.

2. Milton Erickson und die „fraktionierte Hypnose"

Milton Erickson, ein Pionier der modernen Hypnose und Begründer der Ericksonianischen Hypnotherapie, arbeitete oft mit einem indirekten und non-direktiven Ansatz. Eine seiner Techniken ist die fraktionierte Hypnose, bei der der Klient in mehreren Phasen in Trance geführt wird, wobei die Hypnosetiefe schrittweise gesteigert wird. Ziel dieser Technik ist es, dass der Klient seine verschiedenen Bewusstseinszustände besser kennenlernt und sich in einem Zustand zunehmender Offenheit befindet, der die Heilung und Integration innerer Konflikte ermöglicht.

Die Arbeit mit „Teilen" kann als eine Art fraktionierte Hypnose verstanden werden, da der Kontakt mit einem inneren Teil in einem leichten Trancezustand erfolgt, der Fokus eng auf diesen Teil gerichtet ist und die anderen Persönlichkeitsanteile in den Hintergrund treten. Erickson setzte Techniken ein, bei denen Menschen mit verschiedenen Aspekten ihrer Persönlichkeit in Kontakt traten, um innere Ressourcen zu aktivieren oder versteckte Konflikte zu lösen. Seine Methode, in Hypnose gezielt einzelne Aspekte des Selbst zu adressieren und zu verstärken, wurde in das NLP-Teilemodell integriert und dient heute im NLP dazu, die Aufmerksamkeit bewusst auf bestimmte innere Anteile zu richten und mit ihnen in einen „Dialog" zu treten.

Ericksons Arbeit war besonders wirkungsvoll, da er dem Klienten in einem Trancezustand half, bestimmte Aspekte seiner Persönlichkeit zu „isolieren" und aus einer neuen Perspektive zu betrachten. Diese Fokussierung auf einen bestimmten Teil des Selbst ermöglicht eine vertiefte Einsicht und eine höhere emotionale Verfügbarkeit. Im NLP-Teilemodell wird dieser Ansatz oft durch Techniken wie das Six-Step-Reframing oder den Visual Squash übernommen, bei denen einzelne Anteile angesprochen und zur Mitarbeit angeregt werden.

Verbindungen im NLP-Teilemodell zu Satir und Erickson

Das NLP-Teilemodell verbindet Elemente aus beiden Ansätzen und verwendet sie, um innere Anteile auf kreative und integrative Weise anzusprechen. Die zentrale Idee, dass Menschen viele verschiedene Persönlichkeitsanteile haben, stammt deutlich von Satir und ihrer Parts Party. Gleichzeitig zeigt sich in der Art und Weise, wie NLP-Praktizierende mit einzelnen Anteilen in Dialog treten, der Einfluss von Ericksons Hypnosetechniken. Die Techniken im NLP sind daher teils pragmatische Methoden zur Persönlichkeitsentwicklung (aus Satirs Ansatz) und teils gezielte Trancearbeit (aus Ericksons Hypnoseansatz), die es dem Klienten ermöglicht, auf eine Ebene tiefer Selbsterfahrung zu gelangen.

Zusammenfassend lässt sich sagen, dass das Teile-Modell im NLP als eine Synthese aus Satirs und Ericksons Ansätzen verstanden werden kann:

• Satirs Einfluss zeigt sich in der Idee, dass Menschen aus verschiedenen inneren Anteilen bestehen, die oft unterschiedliche Bedürfnisse und Ziele haben.
• Ericksons Einfluss zeigt sich in der Art, wie das NLP-Teilemodell in einen leichten Trancezustand führen kann, in dem der Klient in einen Dialog mit bestimmten Teilen tritt und diese integrieren kann.

Dieses Zusammenspiel von kreativer Rollenzuweisung und fraktionierter Trancearbeit macht das NLP-Teilemodell zu einem vielseitigen Werkzeug, das sowohl für die persönliche Entwicklung als auch zur Konfliktlösung und Integration innerer Anteile geeignet ist

Weiterhin ist das Teilemodell im NLP tatsächlich ein interessantes Konzept, das sich in die Tradition verschiedener psychologischer Modelle zur Erklärung der menschlichen Persönlichkeit einreiht. In der wissenschaftlichen Psychologie existieren seit langem unterschiedliche Ansätze, die versuchen, die Vielschichtigkeit des menschlichen „Ichs" zu erfassen. Ein Vergleich mit etablierten Modellen kann helfen, die Position und mögliche Schwächen des Teilemodells im NLP zu verdeutlichen.

Vergleich des Teilemodells mit anderen psychologischen Modellen

1. Freuds Strukturmodell (Es, Ich, Über-Ich):
Sigmund Freuds Modell teilt das Bewusstsein in drei grundlegende Instanzen:
• Das Es repräsentiert grundlegende Triebe und unbewusste Wünsche.
• Das Ich vermittelt zwischen den Trieben des Es und den Normen des Über-Ich.
• Das Über-Ich steht für moralische Werte und das Gewissen, die durch Sozialisation erworben werden.
Freuds Modell hat eine klare Struktur und wurde zum Grundgerüst für das Verständnis innerer Konflikte und psychischer Dynamiken. Es geht jedoch von festen, hierarchischen Instanzen aus, was sich vom NLP-Teilemodell unterscheidet. Im NLP sind die „Teile" flexibler und situativer und wechseln je nach Rolle und Bedürfnis, während Freuds Instanzen eher stabil und übergeordnet sind.

2. Transaktionsanalyse (Eltern-Ich, Erwachsenen-Ich, Kindheits-Ich):
Die Transaktionsanalyse nach Eric Berne unterscheidet drei Ego-Zustände:
• Das Eltern-Ich enthält Regeln, Normen und Werte, die wir von unseren Eltern übernommen haben.
• Das Erwachsenen-Ich ist der rationale, objektive Anteil, der auf die Realität fokussiert ist.
• Das Kindheits-Ich beinhaltet spontane Emotionen, Bedürfnisse und kindliche Erfahrungen.
Diese Ego-Zustände sind, ähnlich wie im NLP-Teilemodell, dynamisch und beeinflussen Verhalten und Kommunikation in verschiedenen Situationen. In

der Transaktionsanalyse wechseln wir bewusst oder unbewusst zwischen diesen Ich-Zuständen. Die Ähnlichkeit zum NLP-Teilemodell besteht darin, dass beide Modelle die Persönlichkeit als ein Zusammenspiel verschiedener Anteile sehen, jedoch basiert die Transaktionsanalyse auf spezifischeren sozialen Rollen und Bindungsmustern und ist in therapeutischen Anwendungen wissenschaftlich besser fundiert.

3. Internal Family Systems (IFS):

Das Internal Family Systems Modell von Richard C. Schwartz ist wohl dem NLP-Teilemodell am ähnlichsten und betrachtet die Persönlichkeit als eine „innere Familie" mit verschiedenen „Teilen", die jeweils eigene Rollen und Funktionen übernehmen. Diese Teile können „verletzte" oder „beschützende" Rollen einnehmen, ähnlich wie die verschiedenen Teile im NLP-Modell. IFS wird wissenschaftlich zunehmend als valide Methode anerkannt und erforscht, insbesondere für die Behandlung traumatisierter Menschen, da es auf systematische Weise mit diesen inneren „Teilen" arbeitet und sie integriert.

4. Humanistische und existenzielle Psychologie:

In der humanistischen und existenziellen Psychologie, insbesondere bei Ansätzen wie dem personenzentrierten Ansatz von Carl Rogers, wird das Selbstkonzept ebenfalls als flexibel und entwickelbar betrachtet. Hier liegt der Fokus auf der Selbstwahrnehmung und dem Wachstumspotenzial des Individuums. Auch wenn diese Ansätze keine expliziten „Teile" definieren, betonen sie die Möglichkeit, verschiedene Facetten des Selbst zu entwickeln und zu integrieren.

Das Konzept des Mulimind

Das Konzept des Multimind oder der Idee, dass das menschliche Bewusstsein aus verschiedenen „Ichs" oder „Ichlingen" besteht, ist in der wissenschaftlichen Psychologie eine umstrittene, aber zunehmend erforschte Idee. Es gibt keine einheitliche wissenschaftliche Theorie, die genau das Multimind-

Konzept beschreibt, wie es etwa in einigen NLP- oder Coaching-Kreisen verwendet wird, aber verwandte Konzepte finden sich in verschiedenen etablierten psychologischen und neurowissenschaftlichen Modellen. Hier einige wissenschaftliche Perspektiven, die Teile des Multimind-Konzepts unterstützen oder Ähnlichkeiten aufweisen:

1. Modulare Theorien des Geistes

Einige Theorien in der kognitiven Psychologie und Neurowissenschaft gehen davon aus, dass das Gehirn modular organisiert ist. Diese Module sind spezialisierte Systeme, die bestimmte Aufgaben erfüllen, wie Sprachverarbeitung, visuelle Wahrnehmung oder emotionale Bewertung. Bekannte Theoretiker wie Jerry Fodor haben den Geist als ein System spezialisierter Module beschrieben, die parallel und oft unabhängig voneinander arbeiten.

Während diese Module nicht „Ichlinge" im Sinne eines bewussten Selbst sind, unterstützen sie die Vorstellung, dass das Gehirn aufgeteilt ist und unterschiedliche Anteile unterschiedlich funktionieren. Diese Module arbeiten oft unbewusst und erzeugen zusammen die Gesamtwahrnehmung des Selbst, was der Vorstellung von multiplen Ich-Persönlichkeitsaspekten nahekommt.

2. Neuronale Netzwerke und parallele Verarbeitung

Neurowissenschaftliche Forschung zeigt, dass das Gehirn auf verschiedene Aufgaben spezialisierte Netzwerke nutzt, die gleichzeitig und oft ohne bewusste Abstimmung miteinander arbeiten. Diese Netzwerke arbeiten parallel, verarbeiten jedoch unterschiedliche Arten von Informationen. So kann ein Teil des Gehirns auf einen emotionalen Reiz reagieren, während ein anderer für die kognitive Bewertung verantwortlich ist.

Diese Theorie der parallelen Verarbeitung untermauert die Vorstellung, dass unterschiedliche „Systeme" im Gehirn gleichzeitig aktiv sind und so verschiedene, teilweise widersprüchliche Handlungsimpulse entstehen können. Während dies nicht direkt als „Ichlinge" oder „Multimind" interpretiert wird, zeigt es, dass das Gehirn in vielerlei Hinsicht als ein Netzwerk geteilter, oft autonomer Prozesse funktioniert, die zusammen das Bewusstsein und Verhalten formen.

3. Selbst- und Identitätsforschung

Die moderne Identitätsforschung und Theorien zum Selbstkonzept legen nahe, dass Menschen in verschiedenen sozialen und emotionalen Kontexten unterschiedliche Identitäten oder Selbst-Konzepte aktivieren. Das sogenannte kontextsensitive Selbst besagt, dass Menschen je nach Umgebung, Situation und sozialem Kontext auf verschiedene Aspekte ihres Selbst zurückgreifen.

Diese Theorie, die auf sozialpsychologischen Studien beruht, unterstützt die Vorstellung, dass unser „Ich" nicht konstant ist, sondern dass wir viele Rollen oder Selbstkonzepte besitzen, die situativ aktiviert werden. Auch wenn diese nicht als separate „Ichs" angesehen werden, deutet dies darauf hin, dass wir verschiedene Identitätsaspekte haben, die flexibel aktiviert werden und in verschiedenen Kontexten unterschiedliche Persönlichkeitsfacetten hervorrufen.

4. Kritik und Grenzen des Multimind-Konzepts

Trotz der oben genannten Parallelen ist das Multimind-Konzept als wissenschaftliche Theorie in seiner reinen Form nicht umfassend anerkannt. Die Vorstellung, dass das Ich aus unabhängigen „Ichlingen" besteht, ist eine vereinfachende Metapher, die das komplexe Zusammenspiel neuronaler und psychologischer Prozesse abbilden soll. Viele Wissenschaftler argumentieren, dass das Konzept eines konsistenten, wenn auch flexiblen Ichs praktischer und empirisch nachvollziehbarer ist.

Ein Kritikpunkt ist, dass das Multimind-Konzept zu einer zu starken Fragmentierung des Selbst führen kann und die Frage offenlässt, wie diese Teile koordiniert werden. Neuere Forschungen betonen eher die Netzwerkkonzepte und parallele Verarbeitung, ohne diese Prozesse als völlig separate „Ichs" darzustellen.

Fazit

Das Multimind-Konzept ist in der Wissenschaft als anschauliche Metapher interessant, wird jedoch in seiner reinen Form nicht als empirisch belegte Theorie anerkannt. Ansätze wie modulare Theorien des Geistes, Internal Family Systems und Ego-State-Therapie sowie die Forschung zur kontextsensitiven Identität liefern Anhaltspunkte, dass das menschliche Selbst flexibel und vielschichtig ist. Diese Modelle zeigen, dass das „Ich" aus verschiedenen Anteilen bestehen kann, die parallel und teilweise autonom agieren.

Obwohl die Vorstellung eines Multimind-Konzepts nicht vollständig wissenschaftlich anerkannt ist, bieten diese Modelle wissenschaftliche Anhaltspunkte, die die Idee eines flexiblen, modularen oder vielschichtigen Selbst stützen.

Wissenschaftliche Validität des NLP-Teilemodells

 Wenn wir das Ich als ein „Emergent" betrachten – also als ein sich ergebendes Phänomen, das nicht direkt aus einer festen Substanz, sondern aus dynamischen Prozessen und Identifikationsstrategien entsteht – dann bekommt das Teilemodell eine ganz neue wissenschaftliche Plausibilität.

In diesem Verständnis hat jeder „Teil" eine spezifische Identifikationsstrategie. Diese Strategien sind wie innere „Programme" oder Muster, die jeweils eine bestimmte Art von Identität und Wahrnehmung hervorbringen. Diese Identifikationsstrategien laufen im Hintergrund ab und erzeugen temporäre Ich-Gefühle, die sich je nach aktivem „Teil" verändern können. Dadurch entsteht die Illusion eines konstanten Ichs, auch wenn eigentlich verschiedene Teile und Strategien abwechselnd aktiv sind. Der Körper als gemeinsame Grundlage schafft die Konsistenz und Kontinuität, die das Ich stabil erscheinen lässt.

Michael Jackson ist hier ein gutes Beispiel: Der „öffentliche Michael Jackson" und der „Tanzgigant auf der Bühne" sind verschiedene Teile mit unterschiedlichen Identifikationsstrategien und Rollen, die nur den Körper als gemeinsame Grundlage teilen. Jeder dieser Teile hat ein anderes Identitätsgefühl, eine andere Art, sich selbst zu sehen und in der Welt zu agieren. Doch von außen betrachtet, scheint es, als wäre es immer derselbe Michael Jackson.

Das Teilemodell im NLP könnte damit so interpretiert werden, dass es die Dynamik zwischen diesen Identifikationsstrategien und den entstehenden Ich-Gefühlen beschreibt. Wenn NLP Techniken anbietet, um diese inneren Programme zu verändern – etwa um eine „ängstliche" Strategie in eine „mutige" Strategie umzuwandeln – dann ist das im Grunde eine Manipulation der Identifikationsstrategien. Man könnte also sagen, dass das Ziel des NLP ist, Identifikationsstrategien zu erkennen und gezielt zu modifizieren, um eine gewünschte Veränderung im Ich-Gefühl und Verhalten zu bewirken.

In Bezug auf die wissenschaftliche Schlüssigkeit: Auch wenn das Teilemodell nicht direkt empirisch messbar ist, passt es sehr gut zu modernen psychologischen Konzepten des Selbst. In der Kognitionswissenschaft gibt es beispielsweise Theorien, die das Selbst nicht als festes Konstrukt, sondern als Resultat dynamischer, sich wandelnder Prozesse betrachten. Auch in der modernen Psychologie gibt es Modelle, die den Menschen als eine Ansammlung von „Selbst-Anteilen" oder „inneren Stimmen" beschreiben, die je nach Kontext wechseln.

Die Darstellung des Teilemodells im NLP, basierend auf Identifikationsstrategien, hat also eine gewisse wissenschaftliche Plausibilität, weil sie sich mit dem modernen, dynamischen Verständnis des Selbst deckt und bietet es ein pragmatisches Modell, das sich gut in die kognitive und konstruktivistische Psychologie einfügt.

Algorithmus zur optimalen Installation

 Submodalitäten, Techniken des Teilemodells, Timeline-Techniken und Sprachinterventionen sind ebenfalls wirkungsvolle Werkzeuge im NLP, die im Zusammenhang mit der Installation und Verstärkung von Strategien eingesetzt werden können. Sie sind keine eigenständigen Installationstechniken, aber sie spielen eine wichtige unterstützende Rolle bei der Verankerung und Feinabstimmung von Strategien. Hier ist eine Übersicht, wie sie in diesem Zusammenhang betrachtet werden und welche spezifische Rolle sie spielen:

1. Submodalitäten

Submodalitäten sind die spezifischen Merkmale innerhalb eines Repräsentationssystems (visuell, auditiv, kinästhetisch), wie Helligkeit, Größe, Nähe, Lautstärke oder Temperatur. Sie ermöglichen eine präzise Feineinstellung der Wahrnehmung und machen eine Strategie lebendiger und intensiver. In der Installation einer Strategie helfen Submodalitäten dabei, die einzelnen Schritte emotional und kognitiv zu verstärken, sodass die Strategie für den Klienten realistischer und greifbarer wird.
• Rolle bei der Installation: Submodalitäten werden gezielt verändert, um die erwünschte Strategie intensiver und positiver zu gestalten. Zum Beispiel könnte man bei der Rechtschreibstrategie die Submodalitäten der visuellen Vorstellung eines Wortes verändern, indem man es größer und heller erscheinen lässt. Dies verstärkt das Bild und macht es dem Klienten leichter, die richtige Schreibweise abzuspeichern.
• Beispielanwendung: Bei der Angstreduzierungsstrategie könnte man die Maus in einer sicheren Distanz kleiner und unschärfer visualisieren und gleichzeitig die Farben blasser machen. Diese Submodalitätsveränderungen reduzieren die emotionale Reaktion und verankern die Vorstellung einer weniger bedrohlichen Situation.

2. Teilemodell-Techniken

Das Teilemodell im NLP befasst sich mit den verschiedenen „Teilen" oder inneren Stimmen einer Person, die unterschiedliche Bedürfnisse, Werte oder Absichten haben. Bei der Strategieinstallation können Teilemodell-Techniken dazu beitragen, eventuelle innere Konflikte zu erkennen und zu lösen, die die Wirksamkeit der Strategie behindern könnten.

• Rolle bei der Installation: Wenn die Strategie auf eine Weise arbeitet, die einem anderen inneren Teil widerspricht, könnten Spannungen entstehen. Durch eine Teilearbeit können diese Teile integriert werden, sodass die Strategie von allen inneren Teilen unterstützt wird. Dies ist besonders wichtig bei Strategien, die langjährige Gewohnheiten oder Überzeugungen betreffen, wie die Entscheidungssicherheit oder Angstbewältigung.

• Beispielanwendung: Bei der Entscheidungsstrategie könnte ein Teil der Person eher sicherheitsorientiert sein, während ein anderer Teil offen für neue Erfahrungen ist. Durch Teilearbeit kann man diesen Konflikt ausbalancieren und sicherstellen, dass die Strategie für beide Teile akzeptabel ist, was die Nachhaltigkeit der Entscheidungskompetenz stärkt.

3. Timeline-Techniken

Timeline-Techniken ermöglichen es dem Klienten, sich seine Vergangenheit und Zukunft bildlich entlang einer Zeitlinie vorzustellen. Sie sind besonders hilfreich, um Strategien für langfristige Ziele zu installieren oder emotionale Reaktionen aus der Vergangenheit, die die Strategie beeinflussen könnten, zu bearbeiten.

• Rolle bei der Installation: Timeline-Techniken können genutzt werden, um eine Strategie für künftige Situationen vorzubereiten oder eine vergangene negative Erfahrung zu verändern, die die neue Strategie blockieren könnte.

226

Dadurch können mögliche Ängste oder Unsicherheiten vorweggenommen und bereits aufgelöst werden.

• Beispielanwendung: Bei der Angstreduzierungsstrategie könnte man die Timeline-Technik verwenden, um die Situation in der Zukunft zu visualisieren, in der die Person ruhig auf eine Maus trifft. Diese Technik verankert das Gefühl von Gelassenheit in der Zukunft und erleichtert so die Umsetzung der Strategie in realen Situationen.

4. Sprachinterventionen

Sprachinterventionen umfassen verschiedene linguistische Techniken im NLP, wie Reframing, Meta-Modell-Fragen und hypnotische Sprachmuster. Diese Techniken helfen, Überzeugungen, Gedankenmuster und innere Dialoge zu verändern, die die Effektivität der Strategie beeinflussen könnten. Sie helfen dabei, Widerstände zu erkennen und aufzulösen, und können unterstützend bei der Installation der Strategie wirken.

• Rolle bei der Installation: Sprachinterventionen sind nützlich, um innere Dialoge neu zu gestalten und Überzeugungen anzupassen, die möglicherweise die Strategie blockieren. Sie können auch dazu beitragen, die innere Repräsentation des Ergebnisses zu klären und die Motivation zu stärken, die Strategie zu nutzen.

• Beispielanwendung: Bei der Rechtschreibstrategie könnte man Sprachinterventionen verwenden, um die Überzeugung des Klienten zu ändern, dass er „schlechte Rechtschreibung" hat, und dies stattdessen durch einen positiven inneren Dialog ersetzen, wie „Ich bin lernfähig und verbessere mich kontinuierlich."

Zusammenfassung der Rolle dieser Techniken bei der Installation von Strategien

• Submodalitäten: Sie verstärken die einzelnen Schritte der Strategie durch gezielte Anpassung der Wahrnehmung, sodass die Strategie emotional und kognitiv überzeugender wird.

• Teilemodell-Techniken: Diese ermöglichen es, innere Konflikte zu lösen und sicherzustellen, dass alle „Teile" der Person die Strategie unterstützen, was die Nachhaltigkeit erhöht.

• Timeline-Techniken: Sie helfen, die Strategie auf zukünftige Situationen zu projizieren oder hinderliche Erfahrungen aus der Vergangenheit zu transformieren, sodass die Strategie reibungslos integriert wird.

• Sprachinterventionen: Diese verändern Überzeugungen, innere Dialoge und mentale Rahmenbedingungen, die für die erfolgreiche Anwendung der Strategie entscheidend sind.

Fazit

Submodalitäten, Teilemodell-Techniken, Timeline-Techniken und Sprachinterventionen sind keine eigenständigen Installationstechniken, aber sie sind kraftvolle unterstützende Werkzeuge. Sie ermöglichen eine präzisere und tiefergehende Anpassung der Strategie an die individuelle Erfahrungswelt des Klienten. Durch ihren Einsatz wird die Installation einer Strategie optimiert, was ihre Wirksamkeit und Nachhaltigkeit im Alltag erhöht.

Algorithmus zur optimalen Installation von NLP-Strategien

Der folgende Algorithmus führt durch die Schritte zur optimalen Installation einer Strategie. Jede Technik wird in einer bestimmten Reihenfolge und mit einem spezifischen Ziel eingesetzt, um die Strategie in allen relevanten Ebenen zu verankern.

Schritt 1: Zielklärung und Strategie-Design

Bevor die eigentliche Installation beginnt, wird die Strategie in ihren Schritten und Submodalitäten entworfen, basierend auf den vier Wohlgeformtheitskriterien (explizites Ziel, Einbindung der Repräsentationssysteme, Externalität nach N-Schritten und Vermeidung von Schleifen).
• Ziel: Sicherstellen, dass die Strategie klar, logisch aufgebaut und vollständig ist.
• Techniken: Submodalitäten, um das Ziel lebendig und detailliert zu gestalten, sodass es emotional greifbar ist.

Schritt 2: Überprüfung der Ökologie und Anwendung des Teilemodells

In diesem Schritt wird die Strategie im Gesamtkontext der Person überprüft, um sicherzustellen, dass keine inneren Konflikte bestehen. Durch die Teilearbeit können potenzielle Konflikte mit der Strategie entdeckt und aufgelöst werden.
• Ziel: Die Strategie soll von allen „Teilen" der Person akzeptiert werden und harmonisch im Lebenskontext funktionieren.
• Technik: Teilemodell-Technik, um sicherzustellen, dass kein innerer Widerstand gegen die neue Strategie besteht. Falls ein Teil Bedenken hat, wird er integriert, indem seine Bedürfnisse ebenfalls in die Strategie eingebaut werden.

Schritt 3: Installation der Strategie durch Anker oder Einüben

Je nach Bedarf des Klienten kann die Strategie jetzt auf zwei klassische Arten installiert werden:
• Anker setzen: Jeder Schritt der Strategie wird mit einem spezifischen Anker versehen, der in der Sequenz aktiviert werden kann.

• Einüben als Selbstanker: Der Klient übt die Strategie mehrfach durch Wiederholung, bis sie automatisiert abläuft.
• Ziel: Die Strategie soll durch Anker oder Wiederholung im Gedächtnis verankert werden, um einen automatischen Abruf zu ermöglichen.
• Technik: Anker setzen oder Selbstanker durch wiederholtes Einüben der Strategie.

Schritt 4: Submodalitäten-Optimierung zur Verstärkung

Nach der Grundinstallation durch Anker oder Einübung werden die einzelnen Schritte der Strategie durch gezielte Veränderungen der Submodalitäten verstärkt. Dies sorgt dafür, dass die Bilder, Klänge und Gefühle der Strategie intensiver und damit überzeugender werden.
• Ziel: Die Strategie soll lebendiger und emotional überzeugender sein, um das gewünschte Verhalten auszulösen.
• Technik: Anpassung der Submodalitäten für jedes Repräsentationssystem. Zum Beispiel: Bilder größer und heller machen, innere Dialoge beruhigend oder motivierend gestalten, positive Gefühle intensiver spüren lassen.

Schritt 5: Timeline-Techniken für Zukunftsprojektionen und Rückwärtsüberprüfung

In diesem Schritt wird die Strategie mithilfe von Timeline-Techniken auf künftige Situationen projiziert. Dadurch kann der Klient sich vorstellen, wie die Strategie in realen zukünftigen Kontexten abläuft, und mögliche Hindernisse werden vorab erkannt und bearbeitet. Außerdem kann die Timeline-Technik eingesetzt werden, um negative Erfahrungen aus der Vergangenheit zu neutralisieren, die der Strategie möglicherweise entgegenstehen.
• Ziel: Sicherstellen, dass die Strategie auch in zukünftigen Kontexten wirksam ist und keine alten Erinnerungen oder Blockaden stört.

• Technik: Timeline-Technik für Zukunftsprojektionen und Rückwärtsüberprüfung. Der Klient kann sich vorstellen, wie die Strategie in einer zukünftigen Situation erfolgreich abläuft, und Rückschau halten, ob es Hindernisse aus der Vergangenheit gibt, die bearbeitet werden müssen.

Schritt 6: Sprachinterventionen zur Überzeugungsstärkung und inneren Verankerung

Abschließend werden Sprachinterventionen verwendet, um die inneren Überzeugungen und Gedanken des Klienten auf die neue Strategie auszurichten. Dies umfasst Reframing, das Ändern negativer Selbstgespräche und die Verwendung positiver Suggestionen. Dieser Schritt dient dazu, die Strategie auf der Ebene der Überzeugungen zu unterstützen.
• Ziel: Negative Überzeugungen und Selbstgespräche auflösen und die Strategie durch sprachliche Verankerung stärken.
• Technik: Reframing und Sprachinterventionen wie Meta-Modell-Fragen, um innere Dialoge an die neue Strategie anzupassen und Überzeugungen zu stärken.

Zusammenfassung des Algorithmus

Der Algorithmus läuft also folgendermaßen ab:
1. Zielklärung und Strategie-Design: Entwickeln und Submodalitäten festlegen.
2. Ökologie-Check und Teilearbeit: Sicherstellen, dass keine inneren Konflikte bestehen.
3. Installation durch Anker oder Einübung: Grundinstallation der Strategie.
4. Submodalitäten-Optimierung: Verstärken der einzelnen Schritte der Strategie.

5. Timeline-Techniken: Zukunftsprojektion und Bearbeitung vergangener Blockaden.

6. Sprachinterventionen: Unterstützung der Strategie durch Anpassung der Überzeugungen und inneren Dialoge.

Beispielanwendung des Algorithmus: Entscheidungssicherheit im Restaurant

Nehmen wir an, jemand möchte die Entscheidungsstrategie effizienter gestalten. Hier ist eine beispielhafte Umsetzung des Algorithmus:

1. Zielklärung und Strategie-Design: Zielbild der Entscheidungssicherheit klären und visualisieren. Submodalitäten so anpassen, dass die Wahl im Restaurant klar und ruhig erscheint (z. B. Bild der Speisekarte groß und hell).

2. Ökologie-Check und Teilearbeit: Klären, ob innere Teile die Strategie unterstützen, z. B. den sicherheitsorientierten Teil und den neugierigen Teil integrieren.

3. Installation durch Anker: Anker setzen für die drei Schritte der Strategie (visuelles Bild, innerer Dialog, Gefühl der Vorfreude).

4. Submodalitäten-Optimierung: Visualisierung der Speisekarte und das Bild des Gerichts vergrößern und schärfen. Den inneren Dialog als klare, positive Stimme gestalten. Das Gefühl der Vorfreude verstärken.

5. Timeline-Techniken: Die Strategie auf eine künftige Restaurantsituation projizieren und durchspielen.

6. Sprachinterventionen: Reframing oder Selbstgespräch anpassen, sodass der Klient sich erinnert: „Ich wähle sicher und entscheide mich leicht."

Fazit

Durch diesen Algorithmus wird die Strategie ganzheitlich installiert und gestärkt. Die Kombination dieser Techniken hilft, alle relevanten Ebenen des Denkens, Fühlens und Handelns anzusprechen und sicherzustellen, dass die

Strategie nachhaltig im Verhalten des Klienten verankert wird.

Der Algorithmus lässt sich durch Integration der vier moderneren Installationsmethoden erweitern. Diese modernen Methoden – Visualisierung und Mentalproben, Hypnose und Trance, Neurofeedback/Neurostimulation und Embodiment (Körpertechniken) – bieten zusätzliche Werkzeuge, um die Strategie noch tiefer zu verankern. Sie können in spezifischen Schritten des Algorithmus angewendet werden, um die Effektivität der Installation weiter zu erhöhen.

Hier ist der erweiterte Algorithmus mit den modernen Installationsmethoden:

Erweiterter Algorithmus zur optimalen Strategieinstallation

Schritt 1: Zielklärung und Strategie-Design

• Ziel: Entwickeln einer klaren Zielvorstellung und Design der Strategie in einzelnen Schritten.
• Techniken: Submodalitäten werden angepasst, um die Zielvorstellung klar und emotional fassbar zu machen.
• Moderne Methode: Visualisierung und Mentalproben können hier genutzt werden, um die Strategie als gesamtes Ablaufbild mental zu durchlaufen und ein realistisches Gefühl für die gewünschte Enderfahrung zu schaffen. Der Klient stellt sich dabei vor, wie er die Strategie erfolgreich durchläuft, was das Gehirn auf den Ablauf vorbereitet.

Schritt 2: Überprüfung der Ökologie und Anwendung des Teilemodells

• Ziel: Sicherstellen, dass keine inneren Konflikte bestehen und alle „Teile"
der Person die Strategie unterstützen.

• Techniken: Teilemodell-Technik, um eventuelle Widerstände zu lösen und
die Strategie in Einklang mit den inneren Bedürfnissen und Werten zu bringen.

• Moderne Methode: Hypnose und Trance können hier hilfreich sein, um den
Klienten in einem entspannten Zustand in Kontakt mit seinen inneren Teilen
zu bringen. In Trance ist das Unterbewusstsein zugänglicher, und Konflikte
oder Widerstände können oft leichter erkannt und bearbeitet werden.

Schritt 3: Installation durch Anker oder Einüben (Grundinstallation)

• Ziel: Die Strategie in eine strukturierte Abfolge von Ankern übersetzen oder
durch Einübung im Gedächtnis verankern.

• Techniken: Anker setzen für die einzelnen Schritte oder wiederholtes Einüben als Selbstanker.

• Moderne Methode:

• Neurofeedback oder Neurostimulation kann den Lernprozess beschleunigen.
Der Klient könnte Neurofeedback einsetzen, um die neuronale Aktivierung zu
beobachten, während er die Strategie übt, und so die effektivste neuronale Aktivierung für die Schritte der Strategie verankern.

• Embodiment (Körpertechniken) können zur Grundinstallation beitragen, indem der Klient in eine bestimmte Körperhaltung geht oder Atemtechniken
verwendet, um die Strategie physisch zu verankern. Zum Beispiel könnte eine
selbstbewusste, aufrechte Haltung die Entscheidungsstrategie unterstützen,
sodass der Körper als Anker für die Strategie dient.

Schritt 4: Submodalitäten-Optimierung zur Verstärkung

• Ziel: Feineinstellung der Strategie durch Anpassung der Submodalitäten, um die Wahrnehmung klarer und lebendiger zu gestalten.
• Techniken: Anpassung der Submodalitäten für visuelle, auditive und kinästhetische Wahrnehmungen, um die Strategie stärker zu emotionalisieren.
• Moderne Methode: Visualisierung und Mentalproben können hier unterstützend wirken, indem der Klient die Strategie mit den veränderten Submodalitäten mehrfach mental durchläuft. Mentalproben helfen, die Strategie in einem dynamischen Kontext zu erleben und emotional noch besser zu verankern.

Schritt 5: Timeline-Techniken für Zukunftsprojektionen und Rückwärtsüberprüfung

• Ziel: Sicherstellen, dass die Strategie auch in zukünftigen Situationen abrufbar ist und frühere negative Erfahrungen die Strategie nicht blockieren.
• Techniken: Timeline-Techniken für Zukunftsprojektionen (z. B. die Strategie in einem künftigen Kontext durchspielen) und Rückwärtsüberprüfung (mögliche Blockaden aus der Vergangenheit auflösen).
• Moderne Methode: Hypnose und Trance können hier in Verbindung mit Timeline-Techniken genutzt werden, um den Klienten in einen entspannten Zustand zu versetzen, in dem er die Zukunftsprojektion intensiver erlebt. Der Trancezustand verstärkt die Visualisierung und macht die zukünftige Anwendung der Strategie emotional und mental überzeugender.

Schritt 6: Sprachinterventionen zur Überzeugungsstärkung und inneren Verankerung

• Ziel: Anpassen der inneren Überzeugungen und Selbstgespräche, um die Strategie innerlich zu unterstützen und negative Selbstbilder aufzulösen.

• Techniken: Reframing, Meta-Modell-Fragen und andere Sprachinterventionen, um Überzeugungen und innere Dialoge mit der neuen Strategie in Einklang zu bringen.
• Moderne Methode: In Trance können hypnotische Sprachmuster und Suggestionen eingesetzt werden, um positive innere Überzeugungen tiefer zu verankern und negative Selbstgespräche in unterstützende Aussagen umzuwandeln. Trance verstärkt die Suggestion und hilft, die Sprache auf unbewusster Ebene zu verankern.

Zusammengefasste Reihenfolge des erweiterten Algorithmus

1. Zielklärung und Strategie-Design – Visualisierung und Mentalproben als unterstützende Methode zur Klarheit des Ziels.
2. Ökologie-Check und Teilearbeit – Hypnose und Trance für Zugang zum Unterbewusstsein und zur Auflösung von Konflikten.
3. Installation durch Anker oder Einüben – Neurofeedback zur neuronalen Verstärkung und Embodiment für physische Verankerung.
4. Submodalitäten-Optimierung – Feineinstellung durch Visualisierung und Mentalproben.
5. Timeline-Techniken für Zukunftsprojektion – Verstärkung durch Hypnose und Trance.
6. Sprachinterventionen – Hypnotische Sprachmuster und Suggestionen für eine tiefere Verankerung der Überzeugungen und inneren Dialoge.

Beispielanwendung des erweiterten Algorithmus: Rechtschreibstrategie

Für die Rechtschreibstrategie könnte der erweiterte Algorithmus so aussehen:
1. Zielklärung und Strategie-Design: Das Ziel der klaren und sicheren Rechtschreibung wird visualisiert. Mentalproben verstärken das Bild eines korrekt geschriebenen Wortes.

2. Ökologie-Check und Teilearbeit: Hypnose bringt den Klienten in Kontakt mit möglichen Teilen, die glauben, „nicht gut genug" zu sein, um Rechtschreibung zu beherrschen. Diese Teile werden integriert.

3. Installation durch Anker und Einüben: Jeder Schritt (visualisieren, prüfen, bestätigen) wird geankert. Neurofeedback zeigt dem Gehirn die optimale Aktivierung, wenn die Strategie korrekt durchgeführt wird.

4. Submodalitäten-Optimierung: Das Bild des Wortes wird heller und größer dargestellt. Mentalproben helfen, das Bild als lebendig und greifbar zu empfinden.

5. Timeline-Techniken: Die Strategie wird für eine zukünftige Situation (z. B. Prüfung) visualisiert. In Trance durchläuft der Klient die zukünftige Anwendung der Strategie und spürt die Sicherheit.

6. Sprachinterventionen: Positive Suggestionen in Trance, wie „Ich kann jedes Wort sicher schreiben", helfen, die Überzeugung zu verankern.

Fazit

Durch die Integration der moderneren Methoden – Visualisierung, Hypnose, Neurofeedback und Embodiment – wird der Algorithmus zur Installation von NLP-Strategien umfassender und tiefer. Jede Technik ergänzt die einzelnen Schritte und unterstützt das Ziel, die Strategie nachhaltig im Verhalten und Denken des Klienten zu verankern.

Kognition und Emotion

Die Frage, ob das Neuro-Linguistische Programmieren (NLP) zwischen Kognitionssystem und Emotionssystem unterscheidet, ist tatsächlich ein wesentlicher Kritikpunkt und Gegenstand vieler Diskussionen. NLP betrachtet oft Kognition und Emotion nicht als getrennte Systeme, sondern integriert sie in einem ganzheitlichen Modell, das darauf abzielt, Verhalten und innere Prozesse pragmatisch zu verändern. Hier sind einige Argumente, die beide Sichtweisen beleuchten, sowie meine Stellungnahme:

Argumente für die Nicht-Unterscheidung (Im Sinne des NLP-Ansatzes)

1. Ganzheitliches Modell: NLP zielt darauf ab, Denkprozesse, emotionale Reaktionen und Verhaltensweisen als zusammenhängendes System zu betrachten. Es geht oft um die Wechselwirkungen zwischen Gedanken, Gefühlen und körperlichen Zuständen, die gemeinsam das Verhalten beeinflussen.

2. Pragmatische Orientierung: NLP ist primär ergebnisorientiert und weniger daran interessiert, Theorien zu entwickeln, die die menschliche Psyche in einzelne Systeme zerlegt. Es fokussiert sich darauf, wie Menschen ihre Erfahrungen und inneren Zustände umgestalten können, um gewünschte Resultate zu erzielen.

3. Integration durch Sprache und Körper: NLP geht davon aus, dass Sprache, Körper und Geist eng miteinander verbunden sind. Emotionen und Kognitionen sind daher nicht als getrennte Einheiten, sondern als miteinander verflochtene Zustände zu verstehen. Emotionen werden im NLP oft über Sprachmuster und körperliche Anker adressiert, ohne strikt zwischen "emotional" und "kognitiv" zu trennen.

4. Effektive Techniken ohne Unterscheidung: NLP-Techniken wie Anker setzen, Reframing oder die Arbeit mit Submodalitäten zeigen häufig positive Effekte, ohne dass eine klare Unterscheidung zwischen Kognition und Emotion

notwendig ist. Dies unterstützt die pragmatische Sichtweise, dass die Trennung für die Praxis nicht zwingend erforderlich ist.

Argumente für eine Differenzierung (Kritik an NLP)

1. Fehlende theoretische Fundierung: Kritiker bemängeln, dass NLP theoretisch oft schwammig bleibt und wichtige psychologische Konzepte ignoriert. Die Unterscheidung zwischen Kognition und Emotion ist in der Psychologie ein zentrales Thema, da sie unterschiedliche Mechanismen und neurobiologische Grundlagen haben können. Ohne Differenzierung könnte NLP komplexe innere Prozesse zu stark vereinfachen.

2. Kognitive und emotionale Prozesse haben unterschiedliche Funktionen: In der klassischen Psychologie wird Kognition als Informationsverarbeitung und Problemlösung verstanden, während Emotionen eine Bewertungsfunktion und direkte Einflussnahme auf das Verhalten haben. NLP läuft Gefahr, diese Unterschiede zu vernachlässigen, was zu verkürzten oder unpassenden Interventionsansätzen führen könnte.

3. Unterschiedliche Interventionsansätze notwendig: Emotionale Prozesse benötigen oft andere therapeutische Ansätze als kognitive Prozesse (z.B. Emotionsregulation vs. kognitive Umstrukturierung). Indem NLP diese Unterscheidung ignoriert, könnte es in bestimmten Situationen weniger wirksam sein, z.B. bei tiefer sitzenden emotionalen Problemen.

Stellungnahme

Aus meiner Sicht lässt sich die Nicht-Unterscheidung von Kognition und Emotion im NLP-Ansatz sowohl als Stärke als auch als Schwäche sehen. NLP ist ein pragmatisch orientiertes Modell, das sich auf Veränderungstechniken konzentriert und nicht auf theoretische Fundierung. Die Integration von Kognition und Emotion zu einem zusammenhängenden System macht NLP flexibel und leicht anwendbar, insbesondere bei Zielsetzungen, die keine tiefere Analyse der inneren Mechanismen erfordern.

Allerdings hat diese Herangehensweise auch Grenzen. Bei komplexen oder tief sitzenden emotionalen Problemen könnte NLP an seine Grenzen stoßen, weil es hier oft sinnvoll ist, gezielt auf emotionale und kognitive Prozesse getrennt einzugehen. Eine Differenzierung könnte NLP-Interventionen bereichern und ihnen mehr Tiefe verleihen, insbesondere in der Arbeit mit emotionalen Traumata oder langjährigen, tief verankerten Denkmustern.

Zusammengefasst würde ich sagen, dass die Nicht-Unterscheidung im NLP-Kontext vertretbar und pragmatisch ist, solange die Grenzen des Modells beachtet werden. NLP kann gut funktionieren, wenn es darum geht, pragmatisch neue Handlungsoptionen und Reaktionen zu schaffen. In der therapeutischen Praxis, besonders bei emotional komplexen Themen, könnte eine klarere Unterscheidung jedoch nützlich sein, um zielgerichtet auf die unterschiedlichen inneren Prozesse einzugehen. In meinem Buch „NLP und Emotionale Intelligenz" habe ich mich ausführlich mit dieser Thematik beschäftigt.

Strategien unterbrechen

In manchen Fällen kann das gezielte Unterbrechen von Strategien hilfreich sein, um ungewollte oder ineffektive Verhaltensmuster zu durchbrechen um Raum für die Installation neuer Strategien zu schaffen. . Hierbei werden vor allem die folgenden drei Methoden angewendet:

1. Unterbrechung durch Überlastung:
Bei dieser Methode wird die Strategie durch eine Überforderung des Systems gestoppt. Wenn jemand beispielsweise einem bestimmten gedanklichen oder emotionalen Muster folgt, kann dieses durch das Hinzufügen zusätzlicher Reize oder Schritte "überladen" werden, bis das Gehirn nicht mehr in der Lage ist, der gewohnten Strategie zu folgen. Ein Beispiel könnte sein, eine Person dazu aufzufordern, mehrere Aufgaben gleichzeitig auszuführen, die sich gegenseitig widersprechen oder ablenken. Durch diese Überlastung kann das Gehirn die ursprüngliche Strategie nicht mehr fortführen und die Aufmerksamkeit wird gezwungen, sich zu lösen. Diese Methode eignet sich besonders bei hartnäckigen, automatischen Denkmustern oder Reaktionen.

2. Unterbrechung durch Ablenkung:
Diese Methode nutzt gezielte Ablenkung, um eine laufende Strategie zu unterbrechen. Wenn eine Person beispielsweise in einem Gedanken- oder Gefühlsmuster feststeckt, kann eine Ablenkung dafür sorgen, dass der Fokus auf etwas völlig Anderes gelenkt wird. Dies kann durch ein externes Ereignis (z. B. ein plötzlicher lauter Ton) oder durch gezielte Fragen oder Aufgaben geschehen, die die Aufmerksamkeit der Person beanspruchen und den bisherigen Ablauf der Strategie unterbrechen. Ablenkungen können sehr subtil sein und müssen

nicht drastisch sein – oft reicht es, die Person sanft aus dem bisherigen Zustand zu "entführen", sodass die Strategie unbemerkt stoppt.

3. Unterbrechen durch Ausspinnen der Strategien:
Diese Methode besteht darin, die Strategie "auszuspinnen" oder sie so lange weiterzuführen und zu übertreiben, bis sie ihre eigene Wirksamkeit verliert. Im Grunde genommen wird die Strategie in eine absurde oder extrem übertriebene Richtung geführt, sodass sie von selbst ins Leere läuft oder sinnlos erscheint. Dies könnte beispielsweise bedeuten, dass eine Person, die ein zwanghaftes Denkmuster hat, angeleitet wird, das Muster bewusst zu intensivieren oder bis zum logischen Extrem zu verfolgen. Dieser Übertreibungsprozess bringt die Strategie oft in eine absurde Form, in der die Person selbst merkt, dass das Muster nicht mehr zielführend ist oder ins Lächerliche führt, wodurch es an emotionalem Einfluss verliert.

Zusammengefasst:
• Überlastung unterbricht durch Überforderung des Systems, um den normalen Ablauf zu stören.
• Ablenkung lenkt den Fokus auf etwas anderes, um die Strategie zu durchbrechen.
• Ausspinnen bringt die Strategie ins Extrem, um ihre Wirkung zu neutralisieren.

Diese Techniken sind darauf ausgelegt, bestehende Muster zu unterbrechen und so Raum für neue und förderliche Strategien zu schaffen.

Hier ist ein Fallbeispiel, das zeigt, wann und wie das Unterbrechen einer Strategie sinnvoll ist, um eine neue Strategie zu installieren, und wie die drei Methoden – Ausspinnen, Überlasten und Ablenken – dabei angewendet werden können.

Fallbeispiel: Rechtschreibstrategie bei Prüfungsangst

Stellen wir uns vor, Anna, eine Schülerin, hat große Schwierigkeiten mit der Rechtschreibung in Testsituationen, weil sie bei Prüfungen immer sehr nervös wird. Sie hat bereits eine bestimmte Strategie, die sie in Testsituationen automatisch einsetzt, aber diese Strategie führt dazu, dass sie sehr gestresst ist, viele Fehler macht und ihre Konzentration verliert. Diese bestehende Strategie ist:
1. Stressgefühle (Herzklopfen, zittrige Hände) steigen auf, sobald die Testunterlagen vor ihr liegen.
2. Gedankenrasen, bei dem sie immer wieder daran denkt: „Ich werde bestimmt Fehler machen!“
3. Überprüfung der Wörter – sie schaut auf die Wörter, aber das Bild ist oft verschwommen, weil sie so angespannt ist.
4. Fehlversuche und Selbstzweifel – sie wird immer unsicherer und hat Schwierigkeiten, sich auf die richtige Schreibweise zu konzentrieren.

Um Anna eine neue, ruhige und konzentrierte Rechtschreibstrategie zu vermitteln, ist es notwendig, ihre alte Strategie zu unterbrechen. Hier kommen die drei Methoden ins Spiel:

1. Unterbrechen durch Ausspinnen

Anna wird angewiesen, ihre ursprüngliche Strategie einmal bewusst zu übertreiben, um zu erkennen, wie ineffektiv und sogar absurd diese Strategie ist. Der Coach könnte sie bitten, sich ganz extrem vorzustellen, wie ihre Angst und ihr Gedankenrasen immer schlimmer werden, bis sie nicht einmal mehr in der Lage ist, das Blatt vor ihr zu sehen. Anna soll sich vorstellen, dass sie die

Wörter auf dem Testblatt kaum noch erkennen kann, weil sie so sehr auf das Gefühl „Ich werde versagen" fokussiert ist. Durch dieses „Ausspinnen" in Gedanken wird die Strategie so überzogen, dass Anna selbst erkennt, wie unpraktisch und unlogisch dieses Muster ist. Es hilft ihr, die Strategie aus der Distanz zu betrachten und ihren ineffektiven Ablauf zu durchschauen. Dieser Schritt schafft Distanz zur alten Reaktion.

2. Unterbrechen durch Überlastung

Der Coach könnte Anna bitten, mehrere mentale Aufgaben gleichzeitig auszuführen, um ihr bestehendes Muster zu überlasten und es dadurch zu unterbrechen. Wenn Anna beginnt, an ihre Fehlerangst zu denken, könnte der Coach sie bitten, gleichzeitig das Alphabet rückwärts aufzusagen oder eine schnelle Rechenaufgabe zu lösen, während sie sich das Wort, das sie schreiben will, im Kopf bildlich vorstellt. Durch die Überlastung des Gedächtnisses wird das alte Muster gestört, weil sie ihre Aufmerksamkeit nun auf mehrere Aufgaben verteilen muss. Dieses Vorgehen zwingt Anna, aus der alten Stressreaktion auszubrechen und sich stattdessen auf eine neutrale oder alternative Denkweise zu fokussieren.

3. Unterbrechen durch Ablenkung

Wenn Anna bemerkt, dass sie nervös wird und ihre alte Strategie zu greifen beginnt, könnte der Coach ihr eine Ablenkungsstrategie beibringen, um den Stress zu unterbrechen. Zum Beispiel könnte Anna in diesem Moment ihre Aufmerksamkeit auf ihren Atem richten und ein paar tiefe Atemzüge machen, um den Fokus bewusst auf ihre Körperwahrnehmung zu lenken. Der Coach könnte ihr auch vorschlagen, kurz an etwas Angenehmes zu denken, wie eine Szene, die sie entspannt, oder eine beruhigende Musik in Gedanken abzuspielen. Diese Ablenkung verschafft ihr eine Pause von der alten Strategie und schafft Raum für die neue Strategie der Konzentration und Ruhe.

Installation der neuen Strategie

Nach der Unterbrechung durch die genannten Methoden wird die neue Rechtschreibstrategie installiert:
1. Anker setzen für Ruhe und Fokus, z. B. durch eine Handgeste oder ein bestimmtes Wort („Klarheit").
2. Proben der neuen Strategie, bei der Anna visualisiert, wie sie ruhig und konzentriert das Wort korrekt schreibt, sich das Wortbild vorstellt und buchstabiert.
3. Üben von Zugangssignalen und Synesthesiemustern, um eine multisensorische Verbindung (visuelles Bild, inneres Nachsprechen, leichte körperliche Empfindung der Ruhe) zu schaffen, die sie in den gewünschten Zustand bringt.

Fazit

Durch das Ausspinnen des alten Musters erkennt Anna, dass ihre bisherige Reaktion nicht hilfreich ist. Mit der Überlastung wird das alte Muster gestört und durch eine neutralere Reaktion ersetzt. Die Ablenkung lenkt sie bewusst in eine andere Richtung, sodass sie aus der Angstroutine aussteigen kann. So wird der Weg für die Installation der neuen, hilfreichen Rechtschreibstrategie frei gemacht, die Ruhe, Klarheit und Fokus fördert.

c

Reframing

Wird der Algotithmus zur optimalen Installation korrekt angewendet, wird es nur in sehr seltenen Fällen zu Interferenzen bei der Installation kommen.

Zu einer abschließenden Überprüfung ist die Reframing-TOTE (Test-Operate-Test-Exit) ein gutes Werkzeug. In diesem Fall wird nicht nur überprüft, ob eine Strategie zum gewünschten Ergebnis führt, sondern auch, ob innere Konflikte oder unbewusste Einwände die Umsetzung behindern.

Schritte der Reframing-TOTE-Methode:

1. Input: Beginn mit einer entworfenen Strategie, z.B. einer Methode, um mit einer Situation besser umzugehen oder ein Ziel zu erreichen (z.B. Gewicht zu reduzieren, ohne sich geerdet zu fühlen).
2. Test (Kongruenzprüfung): Die Strategie wird in einer aktuellen oder zukünftigen Situation getestet, um zu prüfen, ob sie das gewünschte Ergebnis erzielt.
• Kongruenz (Exit): Wenn die Strategie erfolgreich ist und keine Widerstände auftreten, wird der Prozess beendet.
• Inkongruenz: Falls Widerstände oder innere Einwände auftauchen, ist die Strategie noch nicht vollständig kongruent. In diesem Fall geht der Prozess weiter, um die Interferenzen zu analysieren und zu lösen.
3. Bearbeitung der Interferenzen:
• Detail-Test: Es wird überprüft, ob die spezifischen Details des Ziels mit den tieferen Zielen oder Werten der Person übereinstimmen.
• Falls ja, fährt der Prozess fort. Falls nein, werden die Details so angepasst, dass sie den tieferen Zielen besser entsprechen.
• Sequenz- und Inhalts-Test: Es wird geprüft, ob die Abfolge und der Inhalt der Strategie wohlförmig sind und dem gewünschten Ergebnis entsprechen.

• Falls nicht, wird die Strategie-Sequenz verändert und der Widerstand als konstruktiver Bestandteil integriert.

4. Exit: Die überarbeitete Strategie wird erneut auf Kongruenz geprüft. Wenn sie nun mit den Zielen übereinstimmt, endet der Prozess; andernfalls wiederholt sich der Zyklus.

Beispiel: Eine Frau mit Widerständen gegen eine Abnehm-Strategie

Fall: Sabine möchte ihr Gewicht reduzieren, da sie sich in ihrem Körper unwohl fühlt. Ihr Coach schlägt ihr eine Strategie vor, die auf bewussterem Essen und mehr körperlicher Aktivität basiert. Zunächst ist Sabine motiviert, merkt aber nach einiger Zeit, dass sie sich innerlich unwohl und weniger „geerdet" fühlt. Sie empfindet ein unangenehmes Gefühl der Leere, das sie oft durch Snacks kompensiert. Diese innere Unruhe führt dazu, dass die Strategie nicht die gewünschten Ergebnisse bringt.

Anwendung der Reframing-TOTE-Methode:

1. Input: Der Coach führt die Strategie ein, bei der Sabine bewusst und kontrolliert essen soll, ohne aus emotionalen Gründen zu snacken.

2. Test: Sabine versucht, diese Strategie im Alltag anzuwenden, aber sie fühlt sich nach einiger Zeit emotional „ungeerdet" und entwickelt ein Gefühl der inneren Leere.

3. Inkongruenz identifizieren: Sabine spürt einen Widerstand, da sie durch das gezielte und kontrollierte Essen nicht das gewohnte Gefühl der Erdung und Zufriedenheit erlebt.

4. Detail-Test: Der Coach hinterfragt Sabines tieferes Ziel und findet heraus, dass sie sich durch das Essen oft emotional stabilisiert hat, da es ihr ein Gefühl

von Sicherheit und Verbundenheit gibt. Die aktuelle Strategie lässt diesen Aspekt unberücksichtigt.

5. Operate - Anpassung des Ziels: Der Coach passt die Strategie an und schlägt vor, dass Sabine alternative Methoden zur Erdung findet, z.B. durch Atemübungen oder kleine Pausen, bei denen sie sich bewusst Zeit für sich nimmt. Dies gibt ihr das Gefühl der Zufriedenheit, ohne das Bedürfnis nach Snacks zu haben.

6. Sequenz- und Inhalts-Test: Sabine probiert die modifizierte Strategie aus und integriert Erdungstechniken. So fühlt sie sich emotional stabiler und kann die Snack-Gewohnheit leichter kontrollieren.

7. Exit: Sabine findet die angepasste Strategie nun passend. Sie fühlt sich geerdet und in der Lage, auf Snacks zu verzichten, was ihr hilft, ihr Ziel zu erreichen. Der Prozess kann abgeschlossen werden.

Diese Reframing-TOTE hilft Sabine, ihre innere Unsicherheit und den Widerstand gegen die neue Strategie zu erkennen und konstruktiv einzubinden. Anstatt den Widerstand zu ignorieren, wird er als Hinweis genutzt, die Strategie so zu modifizieren, dass sie authentischer und langfristig erfolgreicher ist.

Schluss: Ist NLP eine Wissenschaft?

Liebe Leserinnen und Leser,
wir sind am Ende einer gemeinsamen Reise angelangt. Es war, wie ich hoffe, eine Entdeckungsreise durch die faszinierende Welt der Neurolinguistischen Programmierung (NLP). Gemeinsam haben wir den theoretischen Reichtum dieser Disziplin erkundet und einen Blick auf die wissenschaftlichen Grundlagen geworfen, die hinter den Konzepten und Techniken von NLP stehen.

NLP wird oft als ein vielseitiger Werkzeugkasten betrachtet – eine Sammlung effektiver Methoden, die praktische Veränderungen ermöglichen. Doch ich wollte in diesem Buch zeigen, dass es weit mehr ist: NLP ist nicht nur ein pragmatisches Modell der subjektiven Erfahrung, sondern auch eine Wissenschaft im besten Sinne. Natürlich hat NLP nie den Anspruch erhoben, eine strenge Wissenschaft zu sein, denn sein Ziel war es stets, Modelle zu schaffen, die unsere subjektive Realität besser verständlich und zugänglich machen. Gute Modelle sind Brücken zwischen der Komplexität des Lebens und der Anwendbarkeit in der Praxis. Sie vermeiden die Falle zu großer Vereinfachung ebenso wie den Sumpf unübersichtlicher Details – und genau darin liegt die Stärke von NLP.

NLP wird oft als „Sprache des Nervensystems" bezeichnet, und wie jede Sprache hat es nicht den Anspruch, Wissenschaft zu sein. Doch ich wollte mit diesem Buch darlegen, dass die zugrunde liegenden Theorien und Prinzipien von NLP durchaus wissenschaftlich fundiert sind. Die Disziplin vereint Erkenntnisse aus Neurowissenschaft, Kognitionspsychologie, Linguistik und Systemtheorie zu einem integrativen Ansatz, der reproduzierbar, anwendbar und langfristig wirksam ist.

Es mag Kritiker geben, die NLP vorschnell als Pseudowissenschaft abtun. Doch meine Analyse zeigt: NLP hält einer wissenschaftlichen Betrachtung stand. Seine Effektivität beruht nicht allein auf subjektiven Erfahrungen, Placeboeffekten oder bloßer Motivation, sondern auf Prinzipien, die sich wissenschaftlich fundieren und überprüfen lassen. Reproduzierbarkeit, Verallgemeinerbarkeit und Nachhaltigkeit sind Maßstäbe, denen NLP in vielen Bereichen gerecht wird.

Als Mathematiker und Wissenschaftler bin ich mit Modellen bestens vertraut. Für mich liegt der Wert eines Modells nicht nur in seiner Eleganz oder Komplexität, sondern in seiner Nützlichkeit, die Welt begreifbarer zu machen. NLP erfüllt genau dieses Kriterium. Es ist ein Modell, das uns hilft, menschliches Verhalten, Kommunikation und Veränderung besser zu verstehen und zu gestalten. Und ich hoffe, dass es mir gelungen ist, dir, lieber Leser, zu zeigen, dass NLP sowohl in seiner Praxis als auch in seiner Theorie fundiert ist – und dass es zu Recht als eine Wissenschaft betrachtet werden kann.

Ich danke dir, dass du mich auf dieser Reise begleitet hast, und wünsche dir, dass die Erkenntnisse aus diesem Buch nicht nur nützlich, sondern auch inspirierend für dein eigenes Leben und Wirken sind. Denn letztlich ist NLP nicht nur ein Modell, sondern auch eine Einladung: eine Einladung, dein Potenzial zu entfalten, Beziehungen zu verbessern und die Welt mit neuen Augen zu sehen.

In diesem Sinne: Auf deinen weiteren Wegen wünsche ich dir viel Erfolg, Neugier und Freude am Entdecken!

Literatur

1. Connirae und Steve Andreas
   Mit Herz und Verstand-NLP für alle Fälle
2. Gewußt wie-Arbeit mit Submodalitäten und weiteren NLP-Interventionen nach Maß/ Steve und Connirae Andreas
3. Der Weg zur inneren Quelle- Core Transformationen in der Praxis. Neue Dimensionen im NLP / Connirae und Tamara Andreas
4. Arntz, A.- Imagery Rescripting as a Therapeutic Technique
5. Bernard Baars - In the Theater of Consciousness: The Workspace of the Mind
6. Bitte verändern Sie sich...jetzt! Transkripte meisterhafter NLP-Sitzungen / Richard Bandler
7. Unbändige Motivation-Angewandte Neurodynamik. Über NLP, schnelle Veränderung und vieles mehr / Richard Bandler
8. Reframing -Ein ökologischer Ansatz in der Psychotherapie (NLP) Richard Bandler und John Grinder
9. Die Struktur der Magie – Band I: Sprache und Therapie Richard Bandler und John Grinder
10. Neue Wege der Kurzzeit-Therapie - Frogs into Princes Richard Bandler und John Grinder
11. "Sozial-kognitive Lerntheorie" - Albert Bandura
12. Don Beck & Christopher Cowan - Spiral Dynamics: Mastering Values, Leadership, and Change
13. David J. Chalmers - The Conscious Mind: In Search of a Fundamental Theory
14. "Traumafokussierte kognitive Verhaltenstherapie bei Kindern und Jugendlichen" von Judith A. Cohen, Anthony P. Mannarino und Esther Deblinger.
15. Daniel Dennett - Consciousness Explained

16. Strukturen subjektiver Erfahrung- Ihre Erforschung und Veränderung durch NLP / Robert Dilts, Richard Bandler und John Grinder

17. "Hypnotherapie: Grundlagen, Indikationen, Anwendungen" von Milton H. Erickson.

18. "Neurofeedback in der therapeutischen Praxis" von Thomas F. Feiner

19. "Einführung in die Neurolinguistik" von Angela D. Friederici

20. "Neurobiologische Grundlagen der Sprache" von Angela D. Friederici

21. Der erleuchtete Bio-Computer – NLP-Betriebshandbuch Basis Gerhard Fries, Roland Gruber, Jürgen Leistikow, Dietrich Buchner, Wolf Lasko

22. Karl Friston - The Free-Energy Principle: A Unified Brain Theory?

23. Stanislav Grof - The Holotropic Mind: The Three Levels of Human Consciousness and How They Shape Our Lives

24. Heap, M. - Neurolinguistic Programming: What is the Evidence?

25. Heimsoeth, A.-Visualisierung: Die Kraft der inneren Bilder.

26. Donald Hoffman - The Case Against Reality: Why Evolution Hid the Truth from Our Eyes

27. Time Coaching-Programmieren Sie Ihre Zukunft...jetzt! Tad James

28. Lawrence Kohlberg - Essays on Moral Development, Volume I: The Philosophy of Moral Development

29. "Priming, Grundlagen des Phänomens" von Christa Kolodej

30. "Der trügerische Schein der Erleuchtung: Die radikalen Ideen eines radikalen Menschen" – U.G. Krishnamurti

31. George Lakoff & Mark Johnson - Philosophy in the Flesh: The Embodied Mind and Its Challenge to Western Thought

32. "Huna: Die Geheimnisse der alten Hawaiianer" von Serge Kahili King.

33. NLP-Modelle-Fluff & Facts
    Martina Schmidt-Tanger und Jörn Kreische
34. "Multimind: A New Way of Looking at Human Behavior" von Robert Ornstein
35. Lawrence Shapiro - Embodied Cognition
36. "Kognitive Psychologie" von Ulric Neisser
37. "Imagery Rehearsal Therapy: Principles and Applications" von Mark D. Reinecke und David A. Clark.
38. "Hypnose: Grundlagen, Techniken, Anwendungen" von Dirk Revenstorf und Burkhard Peter.
39. "Selbstwert und Kommunikation: Konzepte und Methoden der Familientherapie" von Virginia Satir.
40. "Internal Family Systems Therapy" von Richard C. Schwartz.
41. "Spiegelneuronen und die Evolution der Intelligenz" von Giacomo Rizzolatti und Corrado Sinigaglia
42. "EMDR: Grundlagen und Praxis" von Francine Shapiro
43. Sharpley, C. F. - Predicate Matching in NLP: A Review of Research on the Preferred Representational System
44. Triffst du `nen Frosch unterwegs – NLP für die Praxis
    Thies Stahl
45. "Embodiment: Die Wechselwirkung von Körper und Psyche verstehen und nutzen" von Maja Storch.
46. Tosey, P., & Mathison, J. Neuro-Linguistic Programming: A Critical Appreciation for Managers and Developers.
47. Wake, L., Gray, R. M., & Bourke, F. S. (Eds.). The Clinical Effectiveness of Neurolinguistic Programming
48. Max Velmans und Susan Schneider (Hrsg.) - The Blackwell Companion to Consciousness
49. "Ego-State-Therapie: Theorie und Praxis" von John G. Watkins

50. "20 years of the default mode network: A review and synthesis"-
    Vinod Menon
51. Kosmologie der Freude / Alan Watts
52. NLP-Formate - Band1-Band4
    Hans Weinberger
53. Selbstcoaching mit NLP – 100 Formate der Neurolinguistischen
    Programmierung / Hans Weinberger
54. Optimales NLP – Optimierungsprinzipien der Neurolinguistischen
    Programmierung / Hans Weinberger
55. Integrales NLP – Bewusstseinserweiterung mit Neurolinguistischer
    Programmierung / Hans Weinberger
56. NLP und Emotionale Intelligenz – Macht über Emotionen gewinnen
    / Hans Weinberger
57. Integrale Meditation – Wachsen, Erwachen und innerlich frei wer-
    den / Ken Wilber

© 2024 Hans Weinberger

Verlag: BoD · Books on Demand GmbH, In de Tarpen 42,
22848 Norderstedt
Druck: Libri Plureos GmbH, Friedensallee 273,
22763 Hamburg
ISBN: 978-3-7693-1563-9